Inhaltsverzeichnis:

Impressum
1. Auflage (23.08.2016)
Verlag: DV Concept
Autoren, Design und Layout: Jörg Madinger, Elke Lackner
ISBN: 978-3-95641-168-7

Diese Publikation ist im Katalog der **Deutschen Nationalbibliothek** gelistet,
bibliografische Daten können unter http://dnb.de aufgerufen werden.

Vorwort

Liebe Leserinnen und Leser,
vielen Dank, dass Sie sich für ein Buch der trainingsunterstützenden Reihe von handball-uebungen.de entschieden haben.

Der schnelle Gegenstoß ist im modernen Handball ein wichtiger Faktor für den erfolgreichen Ausgang eines Handballspiels. Die Motivation der eigenen Mannschaft durch den schnellen Torerfolg, verbunden mit der Zermürbung des Gegners, sowie die Erhöhung der Attraktivität des Spiels sind weitere positive Aspekte. Das schnelle Umschalten von Abwehr auf Angriff nach Ballgewinn (oder in die schnelle Mitte nach einem Tor), um die noch nicht formierte Deckung durch ein erhöhtes Spieltempo für den schnellen Torerfolg auszunutzen, ist dabei das zentrale Ziel des Tempospiels über Gegenstöße.

Beginnend mit dem Ballgewinn und
- dem schnellen Umschalten aus der Abwehr in die Angriffsaktion,
- über die Eröffnung in die erste oder eine nachrückende zweite Welle,
- bis hin zum strukturierten Ablauf aus der zweiten Welle
- oder einer schnellen Mitte heraus,

sind alle Bausteine des Gegenstoßes Inhalt der folgenden fünf Trainingseinheiten.

Die ersten beiden Einheiten haben ihren Schwerpunkt in der Eröffnung des Gegenstoßes und der Passgenauigkeit bzw. der Passentscheidung in eine erste Welle, sowie dem Ballvortrag nach direkten Ballgewinnen. In der dritten Einheit steht das Entscheidungsverhalten in einem eventuell in der ersten oder zweiten Welle entstehenden Überzahlspiel im Vordergrund, bevor in den weiteren beiden Einheiten das strukturierte Spiel gegen eine noch ungeordnete, passiv stehende Abwehr trainiert wird.

Mit diesen fünf Trainingseinheiten bietet die Sammlung Ideen und Anreize für das Training der einzelnen Phasen des Gegenstoßes und eröffnet so die Möglichkeit, ein komplettes Konzept, bestehend aus erster Welle, zweiter Welle und schneller Mitte, einzuführen.

Folgende Trainingseinheiten sind in diesem Buch enthalten:

TE 1 – Verbesserung der Passsicherheit in die erste Welle (TE 266) (⭐⭐)

Ziel der Trainingseinheit ist die Verbesserung von Laufwegen, Pässen und Entscheidungen in der ersten Welle. Nach dem Einlaufen sind bereits im kleinen Spiel schnelles Umschalten und lange Pässe enthalten. In der Ballgewöhnung und dem Torhüter-Einwerfen werden die langen Pässe trainiert, bevor in einer Wurfserie mehrere Aktionen mit Einleiten der ersten Welle kombiniert werden. In den abschließenden Kleingruppenübungen stehen dann Passentscheidungen im Vordergrund.

TE 2 – Schnelles Umschalten aus der Abwehraktion in die Gegenstoß-bewegung (TE 287) (★★★)

Das Ziel dieser Trainingseinheit liegt im schnellen Umschalten aus der Abwehr heraus in die Gegenstoßbewegung. Nach der Erwärmung mit einer Übung zur Laufkoordination und der Ballgewöhnung folgt mit dem Einwerfen der Torhüter eine Kombination aus einer Abwehrvorübung und einer Wurfserie für den Torhüter. In den zwei folgenden Abwehrübungen wird das schnelle Umschalten nach der Abwehrarbeit in die Gegenbewegung trainiert. Ein Spiel im 4gegen4 und ein Sprintwettkampf am Ende runden diese Trainingseinheit ab.

TE 3 – Verbesserung des Tempospiels im Gegenstoß (TE 296) (★★★)

Ziel der Trainingseinheit ist das Verbessern des freien Spiels im Gegenstoß. Nach dem Einlaufen und einem kleinen Spiel werden in der Ballgewöhnung weite Pässe gespielt, was auch im Torhüter-Einwerfen aufgegriffen wird. Es folgt eine Wurfserie, in der genaue Pässe notwendig sind. Zwei Kleingruppenübungen trainieren das freie Spiel in Überzahl im Konter aus offenen Situationen, bevor ein Abschlussspiel mit wachsender Komplexität die Trainingseinheit abrundet.

TE 4 – Erarbeiten einer strukturierten zweiten Welle durch langes Kreuzen und Weiterspieloptionen (TE 302) (★★★)

Ziel der vorliegenden Trainingseinheit ist das Erarbeiten eines langen Kreuzens in der zweiten Welle. Nach dem Einlaufen, einem kleinen Spiel und der Ballgewöhnung wird im Torhüter-Einwerfen zunächst das lange Kreuzen eingeführt. In der folgenden Wurfserie wird, kombiniert mit einem 1gegen0-Konter, das lange Kreuzen mit Ausgleichen des Mittelspielers trainiert. Zwei Kleingruppenübungen nehmen nach und nach Abwehrspieler und den Kreisläufer hinzu, bevor zum Abschluss der Ablauf im 4gegen4 angewendet wird.

TE 5 – Eine Auftakthandlung nach „Schneller Mitte" Schritt für Schritt erarbeiten (TE 227) (★★★)

Das Ziel der vorliegenden Trainingseinheit liegt im Erarbeiten einer einfachen Auftakthandlung nach der „Schnellen Mitte". Nach der Erwärmung und einer Laufkoordinationsübung folgt mit der Ballgewöhnung und dem Torhüter-Einwerfen das Üben der Grundlagen. In drei weiteren Übungen werden die Lauf- und Passbewegungen erweitert und zu einer Auftakthandlung zusammengesetzt. Im abschließenden Spiel wird das zuvor Geübte angewendet.

1. Kurzer Einblick in die Jahresplanung

Ziele des Trainings

Im **Erwachsenenbereich** wird ein Trainer in der Regel am sportlichen Erfolg (Tabellenplatz) gemessen. Somit richtet sich auch das Training sehr stark nach dem jeweils nächsten Gegner (Saisonziel) aus. Im Vordergrund steht, die Spiele zu gewinnen und die vorhandenen Potentiale optimal einzusetzen.

Im **Jugendbereich** steht die **individuelle Ausbildung** im Vordergrund. Diese ist das erste Ziel, das auch über den sportlichen Erfolg zu setzen ist. Auch sollen die Spieler noch umfassend, d. h. positionsübergreifend, ausgebildet werden (keine Positionsspezialisierung, keine Angriffs-/Abwehrspezialisierung)

Der Gegenstoß spielt in beiden Bereichen eine große Rolle. Gerade im Jugendbereich mit den offensiven Abwehrformationen nehmen die erste Welle, der schnelle Ballvortrag und das freie Überzahlspiel im Gegenstoß eine große Rolle ein. Mit zunehmendem Alter gewinnen zusätzlich komplette Gegenstoßkonzepte mit strukturierter zweiter Welle an Bedeutung.

Jahresplanung

In der Jahresplanung sollten folgende Punkte beachtet werden:
- Wie viele Trainingseinheiten habe ich zur Verfügung (Ferienzeit, Feiertage und den Spielplan mit berücksichtigen)?
- Was möchte ich in diesem Jahr erreichen/verbessern?
- Welche Ziele sollten innerhalb einer Rahmenkonzeption (des Vereins, des Verbands z. B. DHB) erreicht werden? In der Rahmenkonzeption des DHB finden Sie viele Orientierungshilfen für die Themen Abwehrsysteme, individuelle Angriffs-/Abwehrfähigkeiten und dazu, was am Ende welcher Altersstufe erreicht werden sollte.
- Welche Fähigkeiten hat meine Mannschaft (haben meine individuellen Spieler)? Dies sollte immer wieder analysiert und dokumentiert werden, damit ein Soll-/Ist-Vergleich in regelmäßigen Abständen möglich ist.

Zerlegung der Jahresplanung in einzelne Zwischenschritte

Grundsätzlich gliedert sich eine Handballsaison in folgende Trainingsphasen:

- Vorbereitungsphase bis zum ersten Spiel: Diese Phase eignet sich besonders zur Verbesserung der konditionellen Fähigkeiten wie der Ausdauer
- 1. Spielphase bis zu den Weihnachtsferien: Hier sollte die Weihnachtspause mit eingeplant werden
- 2. Spielphase bis zum Saisonende

Diese groben Trainingsphasen sollten dann schrittweise verfeinert und einzeln geplant werden:

- Einteilung der Trainingsphasen in einzelne Blöcke mit blockspezifischen Zielen (z. B. Monatsplanung)
- Einteilung in Wochenpläne
- Planung der einzelnen Trainingseinheiten

Trainingszyklus

Trainingseinheit:
→ Aufwärmen
→ Grundübung
→ Grundspiel
→ Zielspiel

Trainingseinheit:
→ Aufwärmen
→ Grundübung
→ Grundspiel
→ Zielspiel

Trainingseinheit:
→ Aufwärmen
→ Grundübung
→ Grundspiel
→ Zielspiel

Trainingseinheit:
→ Aufwärmen
→ Grundübung
→ Grundspiel
→ Zielspiel

Trainingseinheit:
→ Aufwärmen
→ Grundübung
→ Grundspiel
→ Zielspiel

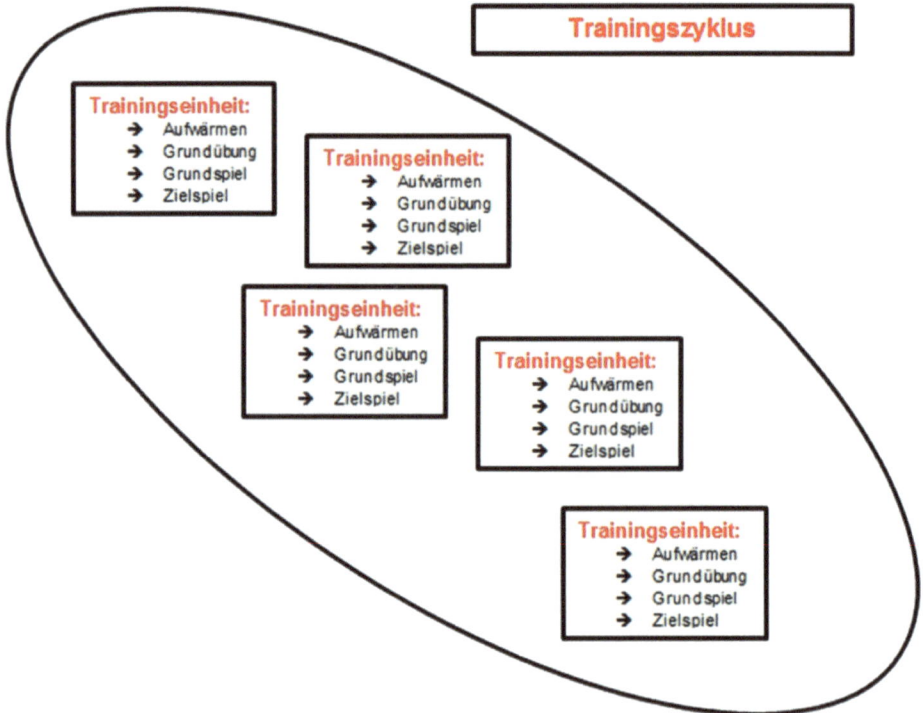

Trainingseinheiten strukturiert aufbauen

Sowohl bei der Jahresplanung als auch bei der Planung der einzelnen
Trainingseinheiten sollte eine klare Struktur erkennbar sein.

- Mit Blöcken arbeiten (siehe Monatsplanung): Es sollte (gerade im
  Jugendbereich) über einen Zeitraum am gleichen Thema gearbeitet werden.
  So können sich Übungen wiederholen und Abläufe einprägen
- Jedes Training sollte einen klaren Trainingsschwerpunkt haben. Die Themen
  sollten innerhalb einer Trainingseinheit nicht gemischt werden, sondern es
  sollten alle Übungen einem klaren Ziel folgen
- Die Korrekturen im Training orientieren sich am Schwerpunkt (bei
  Abwehrtraining wird die Abwehr korrigiert und gelobt)

In allen Planungsphasen werden Trainingseinheiten zur Verbesserung des
Tempospiels in der ein oder anderen Weise eine Rolle spielen. Ein komplett neues
Gegenstoßkonzept sollte bereits in der Vorbereitung eingeführt werden, während das
Entscheidungsverhalten und das freie Spiel sowie das Umschalten aus der Abwehr
in allen Phasen stetig verbessert werden können.

2. Aufbau von Trainingseinheiten

Der Schwerpunkt des Trainings sollte das einzelne Training wie ein roter Faden durchziehen. Dabei in etwa dem folgenden zeitlichen Grundaufbau (Ablauf) folgen:
- ca. 10 (15) Minuten Aufwärmen
- ca. 20 (30) Minuten Grundübungen (2 bis max. 3 Übungen, plus Torhüter einwerfen)
- ca. 20 (30) Minuten Grundspiel
- ca. 10 (15) Minuten Zielspiel

1. Zeit bei 60 Minuten Trainingszeit / 2. Zeit in Klammer bei 90 Minuten Trainingszeit

Inhalte des Aufwärmens
- Trainingseröffnung: Es bietet sich an, das Training mit einem kleinen Ritual (Kreis bilden, sich abklatschen) zu eröffnen und den Spielern kurz die Inhalte und das Ziel der Trainingseinheit vorzustellen
- Grunderwärmung (leichtes Laufen, Aktivierung des Kreislaufs und des Muskel- und Knochen-Apparats)
- Dehnen/Kräftigen/Mobilisieren (Vorbereitung des Körpers auf die Belastungen des Trainings)
- Kleine Spiele (diese sollten sich bereits am Ziel des Trainings orientieren)

Grundübungen
- Ballgewöhnung (am Ziel des Trainings orientieren)
- Torhüter einwerfen (am Ziel des Trainings orientieren)
- Individuelles Technik- und Taktiktraining
- Technik- und Taktiktraining in der Kleingruppe

Grundsätzlich sind bei den Grundübungen die Lauf- und Passwege genau vorgegeben (der Anspruch kann im Laufe der Übung gesteigert und variiert werden)

Hinweise zur Grundübung
- Alle Spieler den Ablauf durchführen lassen (schnelle Wechsel)
- Hohe Anzahl an Wiederholungen
- Mit Rotation arbeiten oder die Übung auf beiden Seiten gleichzeitig/mit geringer Verzögerung durchführen, damit für die Spieler keine langen Wartezeiten entstehen
- Individuell arbeiten (1geg1 bis max. 2gegen2)
- Eventuell Zusatzaufgaben/Abläufe einbauen (die die Übung komplexer machen)

Grundspiel

Das Grundspiel unterscheidet sich von der Grundübung vor allem dadurch, dass jetzt mehrere **Handlungsoptionen** (Entscheidungen) möglich sind und der/die Spieler die jeweils optimale Option erkennen und wählen sollen. Hier wird vor allem das Entscheidungsverhalten trainiert.

- Das zuvor in den Grundübungen erlernte mit **Wettkampfcharakter** durchführen
- Mit Handlungsalternativen arbeiten – Entscheidungsverhalten schulen
- Alle Spieler sollen den Ablauf häufig durchführen und verschiedene Entscheidungen ausprobieren
- In Kleingruppen arbeiten (3gegen3 bis max. 4gegen4)

Zielspiel

- Das zuvor Geübte wird nun im freien Spiel umgesetzt. Um das Geübte im Spiel zu fördern, kann mit Zusatzpunkten oder Zusatzangriffen im Falle der korrekten Umsetzungen gearbeitet werden.
- Im Zielspiel wird das Gelernte im Team umgesetzt (5gegen5, 6gegen6)

Je nach den Trainingsinhalten können die zu erreichenden Ziele eine geringe Änderung im zeitlichen Ablauf von Grundübungen und Grundspielen bedingen.

Themenvorgaben

- Individuelle Ausbildung der Spieler nach Vorgabe der Trainingsrahmenkonzeption (DHB oder vereinseigene Konzeption)
- Taktische Spielsysteme in der Abwehr und im Angriff (altersabhängig)
  - o z. B. von der Manndeckung zum 6:0-Abwehrsystem
  - o z. B. vom 1gegen1 zum 6gegen6 mit Auslösehandlungen im Team

Trainingsthema wählen:
→ Roter Faden

Aufwärmen:
Dauer:
- ca. 10 (15) Minuten

Inhalte:
- „spielerisches Einlaufen"
- Spiele
- Laufkoordination
- (Dehnen und Kräftigung)

Grundübung:
Dauer:
- ca. 20 (30) Minuten

Charakteristik:
- individuell / in der Kleingruppe

Inhalte:
- klare Übungsvorgabe des Ablaufs
- Variationen mit klarer Vorgabe des Ablaufs
- vom Einfachen zum Komplexen
- keine Wartezeit für die Spieler

Grundspiel:
Dauer:
- ca. 20 (30) Minuten

Charakteristik:
- in der Kleingruppe

Inhalte:
- klare Vorgabe des Ablaufs plus Varianten
- Wettkampf

Zielspiel:
Dauer:
- ca. 10 (15) Minuten

Charakteristik:
- Teamplay (Kleingruppe)

Inhalte:
- Freies Spielen mit den Übungen aus der Grundübung und dem Grundspiel
- Wettkampf

3. Die Rollen/Aufgaben des Trainers

Ein erfolgreiches Training hängt stark von der Person und dem Verhalten des Trainers ab. Es ist deshalb wichtig, im Training bestimmte Verhaltensregeln zu beachten, um den Erfolg des Trainings zu ermöglichen. Das soziale Verhalten des Trainers bestimmt den Erfolg in einem ebenso großen Maße wie die reine Fachkompetenz.

Der Trainer sollte
- der Mannschaft zu Beginn des Trainings eine kurze Trainingsbeschreibung und die Ziele bekannt geben
- immer laut und deutlich reden
- den Ort der Ansprache so wählen, dass alle Spieler die Anweisungen und Korrekturen hören können
- Fehler erkennen und korrigieren. Beim Korrigieren Hilfestellung geben
- den Schwerpunkt der Korrekturen auf das Trainingsziel legen
- individuelle Fortschritte hervorheben und loben (dem Spieler ein positives Gefühl vermitteln)
- fördern und permanent fordern
- im Training, bei Spielen, aber auch außerhalb der Sporthalle als Vorbild auftreten
- gut vorbereitet und pünktlich zu Training und Spielen erscheinen

4. Trainingseinheiten

Nr.: 1	Verbesserung der Passsicherheit in die erste Welle (TE 266)	★ ★	90

Startblock		Hauptblock			
X	Einlaufen / Dehnen		Angriff / Individuell		Sprungkraft
	Laufübung	X	Angriff / Kleingruppe		Sprintwettkampf
X	Kleines Spiel		Angriff / Team		Torhüter
	Koordination	X	Angriff / Wurfserie		
	Laufkoordination		Abwehr / Individuell		**Schlussblock**
	Kräftigung		Abwehr / Kleingruppe		Abschlussspiel
X	Ballgewöhnung		Abwehr / Team		Abschlusssprint
X	Torhüter-Einwerfen		Athletiktraining		
			Ausdauertraining		

★: Einfache Anforderung (alle Jugend-Aktivenmannschaften)	★ ★: Mittlere Anforderung (geeignet ab C-Jugend bis Aktive)	★ ★ ★: Höhere Anforderung (geeignet ab B-Jugend bis Aktive)	★ ★ ★ ★: Intensive Anforderung (geeignet für Leistungsbereiche)

Legende:

✖ Hütchen

🔺1 Angreifer

🟢1 Abwehrspieler

▭ kleine Turnmatte

▦ Ballkiste

Benötigt:
→ 4 kleine Turnmatten, 8 Hütchen, Ballkiste mit ausreichend Bällen

Beschreibung:
Ziel der Trainingseinheit ist die Verbesserung von Laufwegen, Pässen und Entscheidungen in der ersten Welle. Nach dem Einlaufen sind bereits im kleinen Spiel schnelles Umschalten und lange Pässe enthalten. In der Ballgewöhnung und dem Torhüter-Einwerfen werden die langen Pässe trainiert, bevor in einer Wurfserie mehrere Aktionen mit Einleiten der ersten Welle kombiniert werden. In den abschließenden Kleingruppenübungen stehen dann Passentscheidungen im Vordergrund.

Insgesamt besteht die Trainingseinheit aus folgenden Schwerpunkten:
- Einlaufen/Dehnen (Einzelübung: 10 Minuten/ Trainingsgesamtzeit: 10 Minuten)
- Kleines Spiel (15/25)
- Ballgewöhnung (10/35)
- Torhüter einwerfen (10/45)
- Angriff/Wurfserie (15/60)
- Angriff/Kleingruppe (15/75)
- Angriff/Kleingruppe (15/90)

Gesamtzeit der Trainingseinheit: 90 Min.

Nr.: 1-1	Einlaufen / Dehnen	10	10

Ablauf:

- Die Spieler bilden 2er- Teams.
- Je ein Spieler jedes Teams hat einen Ball.
- Die Spieler ohne Ball laufen außerhalb des 9-Meter-Raums in der unteren Hallenhälfte und führen dabei verschiedene Laufbewegungen (Hopserlauf, Sidesteps…) durch (A).
- Die Spieler mit Ball laufen prellend durcheinander im 9-Meter-Raum der unteren Hallenhälfte und führen dabei verschiedene Lauf- und Prellvarianten durch (Prellen mit der Wurfhand, der Nicht-Wurfhand, abwechselnd, dazu Hopserlauf, Sidesteps…) (B).
- Auf Pfiff des Trainers laufen die Spieler ohne Ball in die andere Hallenhälfte (C).
- Die Spieler mit Ball laufen (evtl. mit einmal Prellen) in eine optimale Passposition (D) und passen den Ball zu ihrem Teampartner (E).
- Danach laufen alle Spieler in die andere Spielfeldhälfte und der Ablauf startet dort mit getauschten Rollen.
- Die Passlänge sollte im Laufe der Übung gesteigert werden.

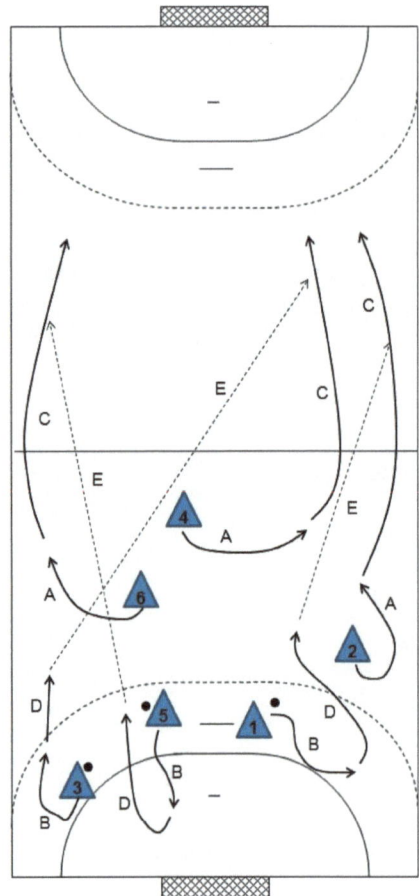

Nr.: 1-2	kleines Spiel	15	25

Aufbau:

- Vier Matten wie im Bild auslegen.

Ablauf:

- Jede Mannschaft verteidigt zwei Matten auf der gleichen Hallenhälfte.
- Zu Beginn versucht die Mannschaft in Ballbesitz durch geschickte Pässe (A und B), den Ball so oft wie möglich auf einer der gegnerischen Matten abzulegen (C).
- Für jedes Ablegen bekommt die Mannschaft einen Punkt.
- Der Ball kann nach dem Ablegen von beiden Mannschaften gesichert werden (D), allerdings nicht von dem Spieler, der den Ball abgelegt hat.
- Bekommt die gleiche Mannschaft den Ball wieder, spielt sie auf die andere Matte in der gleichen Hallenhälfte.
- Sichert die bisher abwehrende Mannschaft den Ball, werden die Hallenhälfte gewechselt (E und F) und der Ball auf eine der beiden Matten in der anderen Hallenhälfte abgelegt (G und H).
- Welche Mannschaft erzielt mehr Punkte?

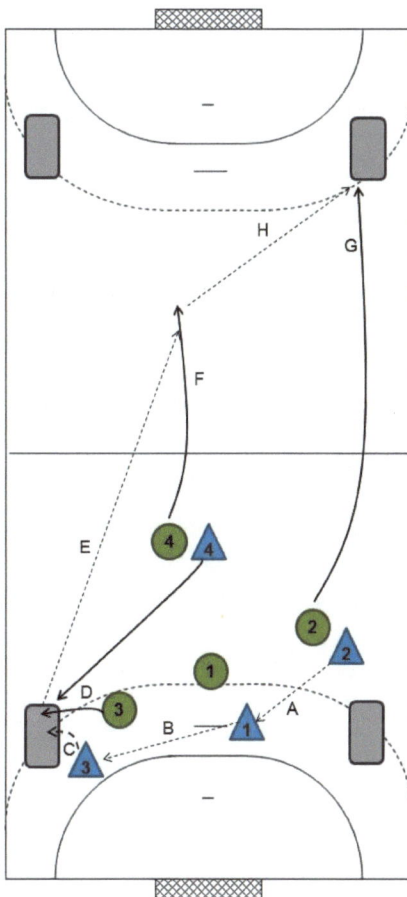

⚠ Die Spieler sollen nach dem Ablegen sofort versuchen, den Ball zu sichern.

⚠ Die Spieler sollen schnell erkennen, welche Mannschaft in Ballbesitz ist und entsprechend auf die richtigen Matten spielen.

handball-uebungen.de
Trainingseinheiten und Übungen für Ihr Training!

Nr.: 1-3	Ballgewöhnung	10	35

Aufbau:

- Mit Hütchen die Startpositionen markieren (s. Bild).
- Gruppen mit je 5 Spielern bilden.

Ablauf:

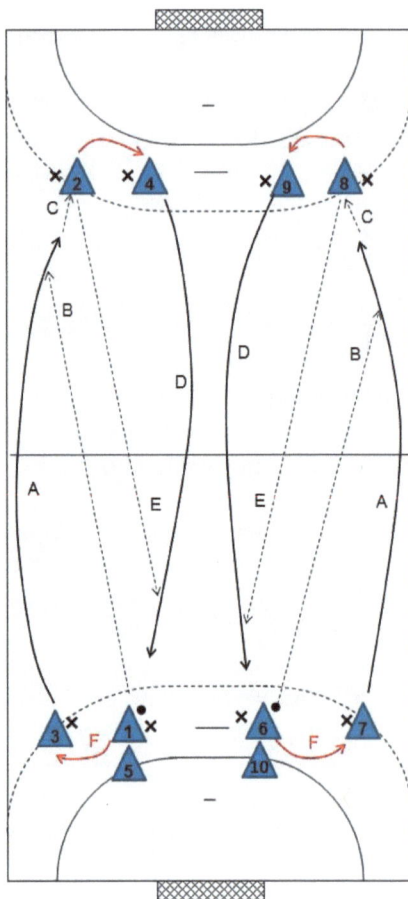

- 3 startet ohne Ball in den Konter auf die andere Seite (A) und bekommt von 1 den Ball in den Lauf gepasst (B).

- 3 passt zu 2 (C) und der Ablauf startet von der anderen Seite.

- 4 läuft ohne Ball in den Konter (D) und bekommt den Ball von 2 in den Lauf gespielt (E).

- 4 passt zu 5 usw.

- Nach dem Pass wechseln 1 und 2 ans andere Hütchen (F) und sind dann die nächsten beiden Läufer.

- Weitere Gruppen führen den Ablauf parallel durch.

Wettkampf:

- Die Gruppen führen den Ablauf parallel aus. Die Gruppe, die zuerst 20 Pässe schafft, ohne dass ein Ball verloren geht, gewinnt einen Punkt.
- Verliert eine Gruppe den Ball, wird wieder von 1 gezählt.

⚠ Die Spieler sollen einen Bogen laufen, um den Pass optimal fangen zu können.

⚠ Die Spieler sollen in hohem Tempo auf die andere Seite laufen.

Nr.: 1-4	Torhüter einwerfen	10	45

Ablauf:

- ▲1 startet ohne Ball aus der Ecke (A) und bekommt von ▲T1 den Ball in den Lauf gespielt (B).

- Sobald ▲T1 den Pass gespielt hat, startet ▲2 ohne Ball aus der andere Ecke (C) und bekommt ebenfalls einen Ball von ▲T1 in den Lauf gespielt (D).

- Die weiteren Spieler folgen.

- Die Spieler, die den Pass bekommen haben, sammeln sich in der Mitte (E und F) und starten, sobald alle aufgeschlossen haben, eine Wurfserie nach Vorgabe (Hände, hoch, tief) auf ▲T2 (G und H).

- Danach ist Seitenwechsel, ▲T2 spielt die Pässe und ▲T1 bekommt die Wurfserie.

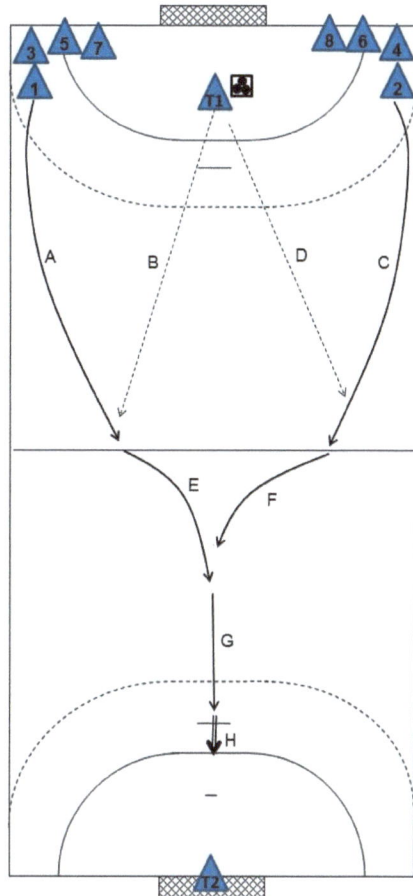

⚠ Die Spieler müssen sich in der Mitte erst sammeln, damit ▲T2 eine saubere Wurfserie bekommt.

Nr.: 1-5	Angriff / Wurfserie	15	60

Ablauf:

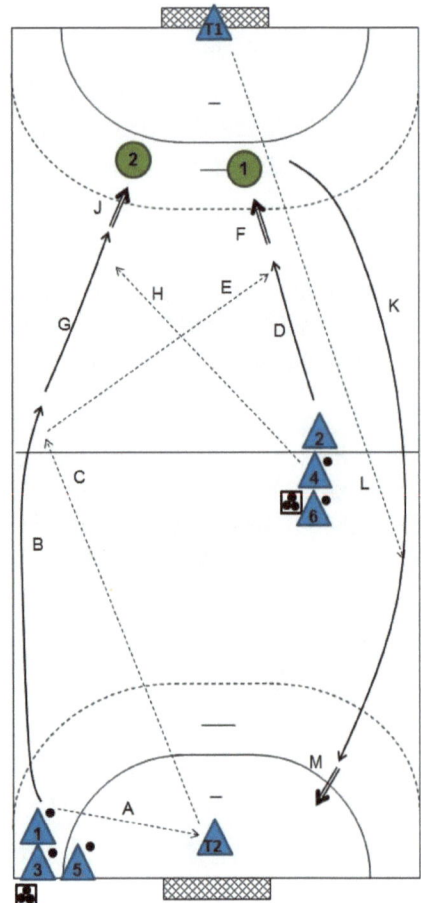

- **1** passt den Ball zum Torhüter (A), läuft in den Gegenstoß (B) und bekommt von **T2** den Ball gepasst (C).

- **2** läuft von der Mittellinie an (D), bekommt von **1** den Ball in den Lauf (E) und wirft über den defensiven Block von **1** (F).

- **1** hat nach dem Pass kurz verzögert, nimmt jetzt wieder Tempo auf (G), bekommt von **4** den Ball in den Lauf (H) und wirft über den defensiven Block von **2** (J).

- Beim Wurf von **1** (J) startet **1** in den Konter (K).

- **T1** sichert den geworfenen Ball und passt ihn **1** in den Lauf (L), **1** schließt mit Wurf ab (M).

- **2** rutscht nach seinem Block auf die Position von **1**, **2** wird neuer Blockspieler und nimmt die Position von **2** ein, **1** stellt sich mit Ball hinter **6** an und **1** stellt sich mit Ball hinter **5** an.

- Dann wiederholt sich der Ablauf.

Variation:

- Gegen **1** wird eine 1gegen1-Aktion statt des Wurfs über den Block gespielt.

⚠️ Die Spieler sollen im Gegenstoß einen Bogen laufen, um den Pass optimal fangen zu können.

⚠️ Die Blockspieler sollen beim zweiten Wurf sofort in den Konter starten.

⚠️ Nach einiger Zeit die Seite wechseln.

Nr.: 1-6	Angriff / Kleingruppe	15	75

Aufbau:

- Mit einem Hütchen den Laufweg markieren.

Ablauf:

- 2, 3 und die Abwehrspieler 1 und 2 sitzen zunächst an der Mittellinie.

- 1 passt den Ball zu T2 (A), läuft in den Gegenstoß (B) und bekommt vom Torhüter den Ball gepasst (C).

- 1 läuft weiter, passt zu T1 (D), umläuft das Hütchen, startet auf die andere Seite (E) und bekommt den Ball von T1 in den Lauf (F).

- Beim Rückpass von T1 (F), stehen 2, 3, 1 und 2 auf und greifen ins Spiel ein.

- 1, 2 und 3 spielen jetzt im 3gegen2 (G, J, K und L) gegen 1 und 2 (H) bis zum Torwurf.

- Der Werfer stellt sich mit Ball hinter 5 an, die anderen beiden Angreifer und die Abwehrspieler gehen wieder an die Mittellinie.

- Dann startet der nächste Durchlauf.

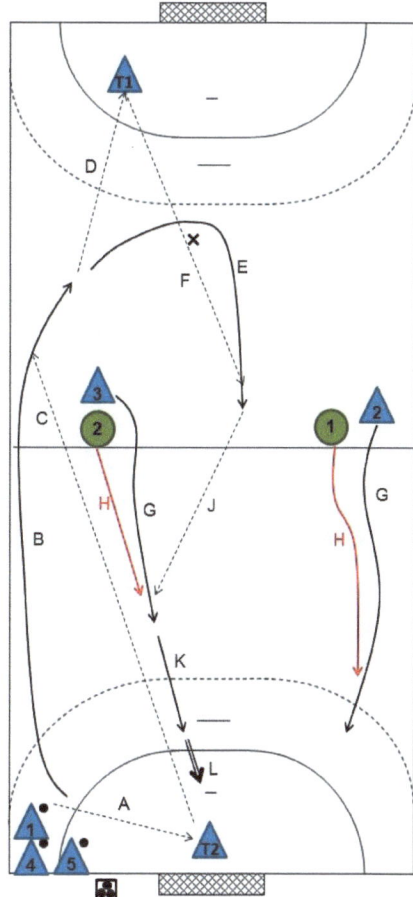

⚠ Nach einiger Zeit Abwehrspieler und Torhüter wechseln und den Ablauf auch von der anderen Seite spielen.

Nr.: 1-7	Angriff / Kleingruppe	15	90

Aufbau:

- Das Feld mit Hütchen längs in zwei Hälften teilen.

Ablauf:

- 1 und 2, sowie 5 und 6 (auf der anderen Seite, in entgegengesetzter Richtung), laufen in lockerem Tempo auf die andere Spielfeldseite (A) und passen sich zu zweit dabei jeweils einen Ball (B).
- Auf der anderen Seite angekommen, passen sie den Ball zum Torhüter (C).
- Dann startet sofort die Folgeaktion.

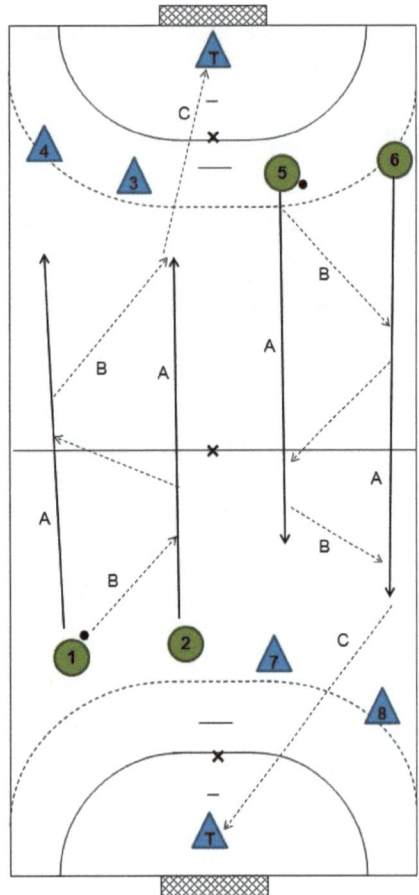

- 3 und 4 spielen einen Gegenstoß im 2gegen2 (D und G) gegen 1 und 2 (E), 7 und 8 spielen entgegengesetzt (J, K, L, M und N) gegen 5 und 6 (E).
- Die Torhüter entscheiden, ob sie einen langen Ball (F) oder einen kurzen Pass als Auftakt spielen (H).
- Im nächsten Durchlauf tauschen die 2er-Teams die Seite und damit die Aufgaben.
- Welches Team kann z. B. aus 10 Angriffsaktionen mehr Tore erzielen?

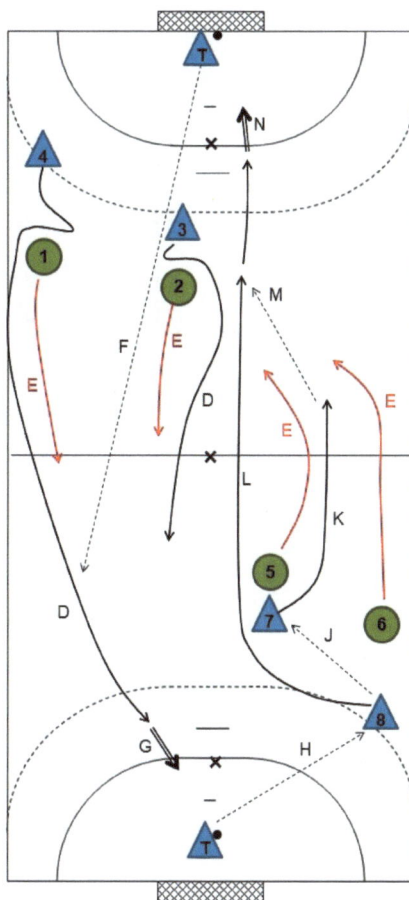

Notizen:

_____

_____

_____

_____

_____

_____

Nr.: 2	Schnelles Umschalten aus der Abwehraktion in die Gegenstoßbewegung (TE 287)		★★★	90

Startblock		Hauptblock			
X	Einlaufen / Dehnen		Angriff / Individuell		Sprungkraft
	Laufübung		Angriff / Kleingruppe		Sprintwettkampf
	Kleines Spiel		Angriff / Team		Torhüter
	Koordination		Angriff / Wurfserie		
X	Laufkoordination		Abwehr / Individuell		**Schlussblock**
	Kräftigung	X	Abwehr / Kleingruppe		Abschlussspiel
X	Ballgewöhnung	X	Abwehr / Team	X	Abschlusssprint
X	Torhüter-Einwerfen		Athletiktraining		
			Ausdauertraining		

★: Einfache Anforderung (alle Jugend-Aktivenmannschaften)	★ ★: Mittlere Anforderung (geeignet ab C-Jugend bis Aktive)	★ ★ ★: Höhere Anforderung (geeignet ab B-Jugend bis Aktive)	★ ★ ★ ★: Intensive Anforderung (geeignet für Leistungsbereiche)

Legende:

✗   Hütchen

△ 1   Angreifer

● 1   Abwehrspieler

▬   dünne Turnmatte

▣   Ballkiste

▦   Hürde

○   Turnreifen

    Verschiedenfarbige Leibchen

Benötigt:
- 6 dünne Turnmatten, 5 Hürden, 12 Turnreifen, 4 Hütchen, 2 Ballkisten mit ausreichend Bällen, 2 × 3 Leibchen mit zwei verschiedenen Farben, Pfeife

Beschreibung:

Das Ziel dieser Trainingseinheit liegt im schnellen Umschalten aus der Abwehr heraus in die Gegenstoßbewegung. Nach der Erwärmung mit einer Übung zur Laufkoordination und der Ballgewöhnung folgt mit dem Einwerfen der Torhüter eine Kombination aus einer Abwehrvorübung und einer Wurfserie für den Torhüter. In den zwei folgenden Abwehrübungen wird das schnelle Umschalten nach der Abwehrarbeit in die Gegenbewegung trainiert. Ein Spiel im 4gegen4 und ein Sprintwettkampf am Ende runden diese Trainingseinheit ab.

Insgesamt besteht die Trainingseinheit aus folgenden Schwerpunkten:
- Einlaufen/Dehnen (Einzelübung: 10 Minuten/Trainingsgesamtzeit: 10 Minuten)
- Laufkoordination (10/20)
- Ballgewöhnung (10/30)
- Torhüter einwerfen (10/40)
- Abwehr/Kleingruppe (10/50)
- Abwehr/Kleingruppe (15/65)
- Abwehr/Team (15/80)
- Abschlusssprint (10/90)

Gesamtzeit der Einheit: 90 Min.

| Nr.: 2-1 | Einlaufen / Dehnen | 10 | 10 |

Ablauf:

- Immer zwei Spieler bewegen sich kreuz und quer im 9-Meter-Raum und passen sich dabei einen Ball.
- Auf Pfiff des Trainers starten alle 2er-Teams in den Konter, laufen in den gegenüberliegenden 9-Meter-Raum und passen sich dabei fortlaufend den Ball ohne zu prellen.
- Dann startet der Ablauf im anderen 9-Meter-Raum.

Variationen:

- Sprungwurfpässe.
- Das 2er-Team, welches zuletzt ankommt, macht z. B. 10 schnelle Hampelmannbewegungen.
- Die Teams dürfen versuchen, sich gegenseitig den Ball herauszufangen. Alle Mannschaften, die ohne Ball im 9-Meter-Raum ankommen, machen z. B. 10 schnelle Hampelmannbewegungen.

Gemeinsam in der Gruppe dehnen

Nr.: 2-2	Laufkoordination	10	20

Aufbau:

- Die Hürden und die Reifen wie abgebildet aufbauen.
- Für die Liegestützen/Sit-ups eventuell ein paar Turnmatten auslegen.

Ablauf:

- ▲1 steht in der Ausgangsstellung direkt vor der Hürde.
- Auf Kommando überspringt ▲1 beidbeinig die Hürde und landet wieder beidbeinig (A und B). Danach springt ▲1 mit dem linken Fuß durch die beiden Reifen und landet wieder beidbeinig vor der zweiten Hürde (C).
- ▲1 überspringt beidbeinig die Hürde und landet wieder beidbeinig. Danach springt ▲1 mit dem rechten Fuß durch die beiden Reifen und landet wieder beidbeinig vor der dritten Hürde (D).
- ▲1 überspringt beidbeinig die Hürde und landet wieder beidbeinig. Danach durchspringt ▲1 wie abgebildet die nächsten Reifen und Hürden.
- Nach der vierten Hürde dreht sich ▲1 um 90° und springt sofort weiter (E).
- Nach der letzten Hürde sprintet ▲1 sofort bis zum Hütchen (F) und zu den Turnmatten.
- Bei den Turnmatten macht ▲1 10 Liegestützen und 10 Sit-ups.

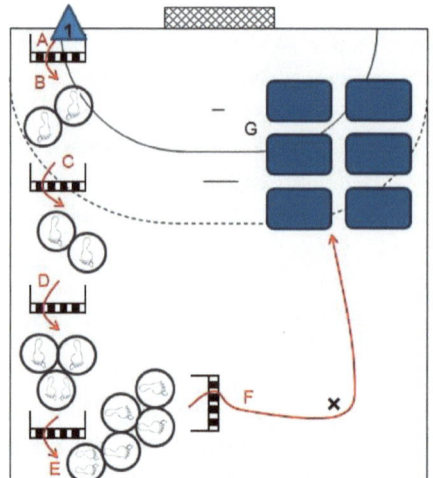

Gesamtablauf:

- Alle Spieler durchlaufen den Parcours zweimal mit 70 % Tempo. Danach starten die Spieler sofort in die dritte und vierte Runde, diese wird aber mit 100 % Tempo absolviert.

⚠ Die Spieler sollen die Hürden und Reifen zügig und ohne Zwischensprung durchspringen (auch bei der Drehung um 90°) (E).

Nr.: 2-3	Ballgewöhnung	10	30

Aufbau:

- Die Spieler stellen sich wie in der Grafik abgebildet immer paarweise mit Ball gegenüber auf.

Ablauf:

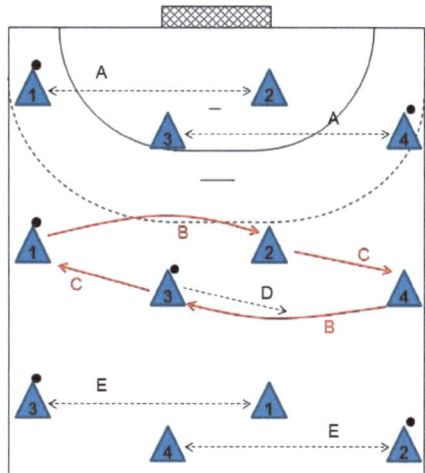

- **1** und **2** passen sich fortlaufend einen Ball in der Bewegung zu, genauso **3** und **4** (A).

- Auf Kommando des Trainers starten die jeweils äußeren Spieler (**1** und **4**) dynamisch in die Vorwärtsbewegung und prellen auf die andere Seite (B). Sollten die äußeren Spieler den Ball zu diesem Zeitpunkt nicht haben, muss er vor der Laufbewegung zuerst gespielt werden (D).

- **2** und **3** nehmen sofort die Positionen von **1** und **4** im Uhrzeigersinn ein (C).

- Danach beginnt sofort wieder das Passen (E).

⚠ **1** und **4** müssen sich vor ihrem ersten Pass (E) nach dem Laufen um 180° drehen.

Nr.: 2-4	Torhüter einwerfen	10	40

Aufbau:

- Drei Hütchen wie abgebildet kurz vor der Mittellinie aufstellen.
- Ballkiste mit ausreichend Bällen bereitstellen.

Ablauf:

- Die Angreifer (1, 2 und 3) starten auf Kommando und versuchen in einer 1gegen1-Aktion gegen die Abwehrspieler (1, 2 und 3), das Hütchen hinter den Abwehrspielern zu berühren (C).
- Die Abwehrspieler versuchen, das Berühren der Hütchen zu verhindern (A und B).
- Beide Spieler arbeiten mit hoher Dynamik.
- Sobald T pfeift (D), startet die Folgeaktion:
  - o 1, 2 und 3 laufen sofort Richtung 7-Meter-Linie und bekommen auf dem Weg dorthin, von 1, 2 und 3 je einen Ball gepasst (E).
  - o Nachdem alle drei Spieler mit Ball bereit stehen, folgt die Wurfserie für T (F).
  - o 1 wirft links hoch, 2 rechts hoch und 3 links tief.
  - o T hält beide hoch geworfenen Bälle und geht zum Halten des tief geworfenen Balles in den Hürdensitz.
- Danach geht 1 in die Abwehr, 1 wird der neue Angreifer (G), 1 stellt sich mit Ball auf und die nächste Runde startet.
- Der erste Wurf geht dieses Mal nach rechts oben und T geht beim dritten Wurf nach rechts unten in den Hürdensitz usw.

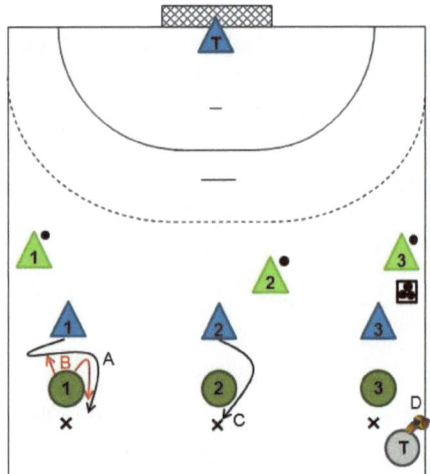

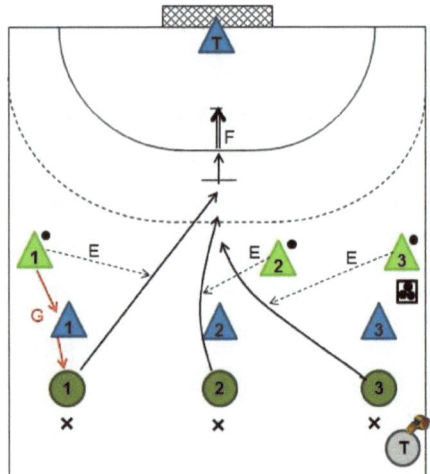

Wann pfeift (T)?

- Sobald es einem der drei Abwehrspieler gelungen ist, einen Angreifer für 2 Sekunden festzumachen.
- Sobald es einem der drei Angreifer gelungen ist, sein Hütchen zu berühren.
- Wenn es zu lange dauert.

⚠ Die Abwehrspieler sollen nach dem Pfiff sofort in die Gegenbewegung gehen und den Pass (E) einfordern.

Nr.: 2-5	Abwehr / Kleingruppe	10	50

Aufbau:
- Zwei Hütchentore wie abgebildet aufstellen.

Ablauf:

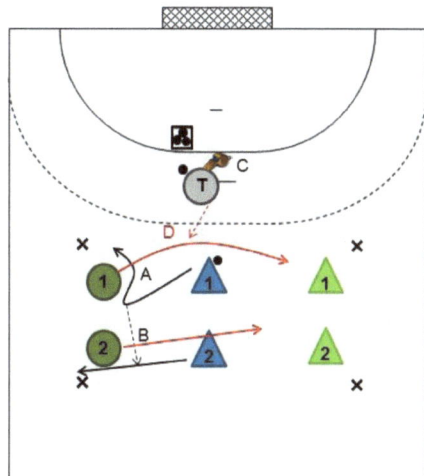

- 1 und 2 spielen im 2gegen2 gegen 1 und 2 mit dem Ziel, mit Ball durch das Hütchentor zu laufen (A und B).
- Gelingt dies, wechseln sofort die Aufgaben; 1 und 2 gehen in die Gegenbewegung, bekommen von (T) einen Ball gespielt (D) und spielen auf der anderen Seite ebenfalls im 2gegen2 gegen 1 und 2.
- 1 und 2 gehen in die Abwehr und warten, bis in der nächsten Aktion dann 1 und 2 als Angreifer kommen.
- Der Ablauf wiederholt sich, bis jede 2er-Mannschaft vier Angriffs- und Abwehraktionen gemacht hat. Die Spieler sollen dabei jede erfolgreiche Abwehraktion zählen.
- Dauert das 2gegen2-Spiel zu lange, pfeift (T) (C). Das ist ebenfalls das Signal für die Abwehrspieler, in die Gegenbewegung zu gehen (D).
- Danach macht jeder Spieler für jede nicht gelöste Abwehraktion z. B. 10 Liegestützen (maximal 40 Stück)

Gesamtablauf:
- Bei ausreichend Spielern den Ablauf in zwei Gruppen parallel ausführen.
- Für den zweiten Durchgang werden die Mannschaften neu zusammengestellt.

⚠ Die Abwehrspieler sollen sofort und mit hoher Dynamik in die Gegenbewegung gehen.

⚠ Die Abwehrspieler sollen als Mannschaft zusammen agieren und sich durch permanentes Reden abstimmen.

Nr.: 2-6	Abwehr / Kleingruppe	15	65

Aufbau:
- Einen Abwehrkorridor mit zwei Hütchen wie abgebildet markieren.
- Ein Hütchen ein paar Meter hinter der Mittellinie aufstellen.

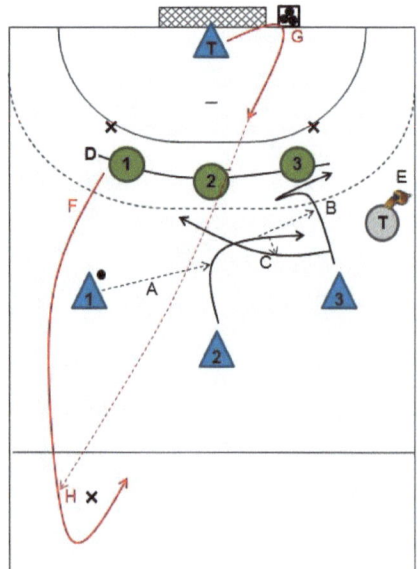

Ablauf für den Angriff:
- ▲1, ▲2 und ▲3 spielen im 3gegen3 gegen ●1, ●2 und ●3.
- Die drei Angreifer sollen die Abwehr durch 1gegen1-Aktionen (B) oder durch Kreuzbewegungen (C) herausfordern.

Ablauf für die Abwehr:
- Die Abwehrspieler sollen beim Verteidigen der Angriffsaktionen als Einheit zusammenspielen und ungefähr auf einer Linie bleiben (D).

Die Folgeaktion der Abwehr startet nach folgenden Kriterien:
- Ballgewinn der Abwehr.
- Torerfolg der Angreifer.
- Ⓣ pfeift (E):
  - o Bei einem Foul.
  - o Irgendwann in der Angriffsaktion.

Folgeaktion:

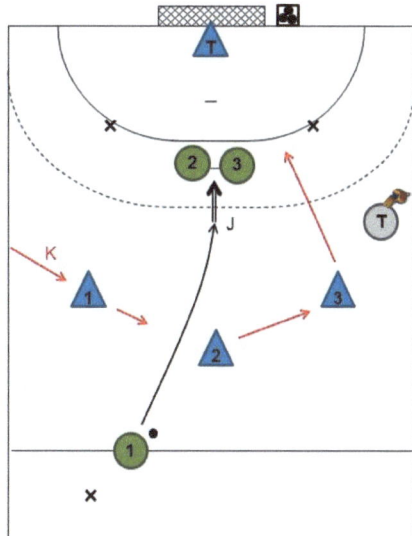

- Der äußere Abwehrspieler (**1**) startet sofort in die Konterbewegung (**F**).

- **T** holt sich entweder den geworfenen Ball, oder einen Ball aus der bereitstehenden Ballkiste (**G**) und passt **1** auf Höhe der Mittellinie in die Konterbewegung (**H**).

- **1** wirft aus dem Sprungwurf heraus über die beiden defensiv stehenden Abwehrspieler (**2** und **3**) auf das Tor (**J**). **1**, **2** und **3** sollen dabei nicht eingreifen.

- Nach der Aktion rutschen alle Spieler eine Position weiter. **3** wird neuer Abwehrspieler und ein neuer Angreifer kommt hinzu (**K**).

Gesamtablauf:

- Jeder Spieler absolviert den gesamten Ablauf (einmal auf jeder Position spielen) ein bis zweimal (abhängig von der Spieleranzahl). Für jedes Tor, das die Angreifer erzielen, so lange er in der Abwehr ist (drei Aktionen), muss der Spieler am Ende z. B. 10 Liegestützen machen.

- Wartende Spieler (bei einer größeren Spieleranzahl) sollen am Rand eine koordinative Aufgabe (z. B. mit Tennisbällen jonglieren) ausführen.

⚠ Der Abwehrspieler, der als nächstes in den Konter startet, soll wachsam auf das Startkriterium für seine Aktion achten und SOFORT und mit höchstem Tempo in die Gegenbewegung gehen.

⚠ **T** muss den Ball so schnell wie möglich **1** in die Konterbewegung passen (**H**), damit **1** eine durchgehende Bewegung bis zum Wurf (**J**) hat.

⚠ **1** wirft spätestens auf Höhe der 7-Meter-Linie auf das Tor (**J**). **2** und **3** sollen mit **T** zusammenarbeiten und einen defensiven Block stellen.

Nr.: 2-7	Abwehr / Team	15	80

Aufbau:

- Zwei bis drei Mannschaften bilden, die im 4gegen4 gegeneinander spielen.
- Mit zwei Hütchen auf jeder Spielfeldseite einen Wurfkorridor abstecken.
- Bei jedem Tor eine Ballkiste aufstellen.

Ablauf:

- Beide Abwehrreihen müssen vor der 9-Meter-Linie verteidigen.
- Die Angreifer dürfen den 9-Meter-Raum nur für den direkten Abschluss mit Ball betreten; sie dürfen die Abwehr nicht ohne Ball hinterlaufen (G).
- Die Angreifer sollen durch 1gegen1-Aktionen (A) oder im Zusammenspiel, z. B. durch Kreuzbewegungen (B), versuchen, zum Abschluss zu kommen.
- Bei Ballgewinn der Abwehr oder Wurf des Angriffs gehen die Abwehrspieler sofort in die Gegenbewegung (D). ⊤ holt entweder den geworfenen Ball oder einen neuen Ball aus der bereit stehenden Ballkiste (E) und bringt den Ball schnell wieder ins Spiel (F).
- Es gibt kein Anspiel an der Mittellinie.

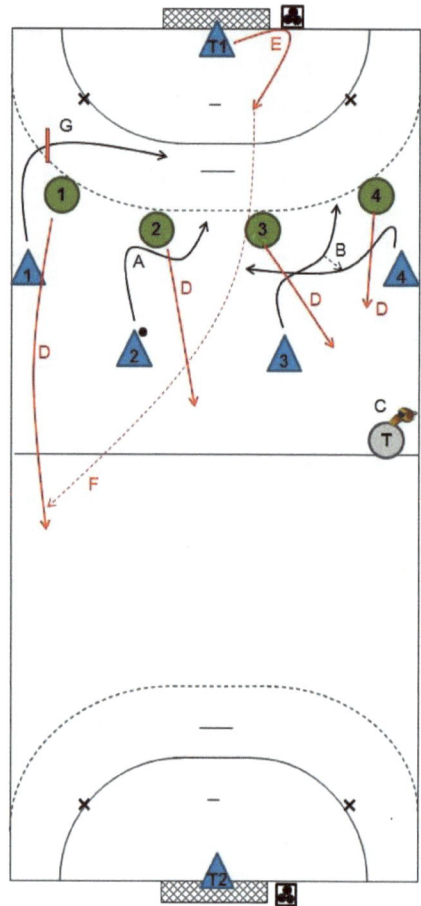

Die Folgeaktion startet ebenfalls, wenn:

- ⊤ zweimal pfeift. Dauert eine Angriffsaktion zu lange, soll ⊤ irgendwann in den Angriff hinein zweimal pfeifen (C). Das ist dann sofort das Signal für die Abwehrspieler, in die Gegenbewegung zu gehen (D).

Gesamtablauf:

- Spielzeit jeweils vier Minuten. Bei drei Mannschaften spielt jede Mannschaft gegen jede. Bei nur zwei Mannschaften werden die Mannschaften jeweils neu gebildet.
- Die Spieler sollen jeweils für sich die erzielten Tore der eigenen Mannschaft zählen. Für jedes Gegentor müssen die Spieler am Ende z. B. drei Liegestützen machen.

⚠ Die Abwehrspieler sollen die Angriffsaktionen mit hoher Dynamik, durch Verschieben und permanentes Absprechen bekämpfen.

⚠ Die Abwehrspieler sollen mit hoher Aufmerksamkeit darauf achten, wann die Angriffsaktion beendet ist oder (T) zweimal pfeift und dann sofort in die Gegenbewegung gehen.

Nr.: 2-8	Abschlusssprint	10	90

Aufbau:

- Neun Reifen wie abgebildet auf den Boden legen.
- Mannschaften zu je zwei Spielern bilden.

Ablauf:

- Immer zwei Mannschaften spielen gegeneinander.
- Jede Mannschaft bekommt drei Leibchen einer Farbe.
- Auf Kommando sprinten 🔺1 und 🟢1 jeweils mit einem Leibchen in der Hand los (A), legen das Leibchen in einen Reifen (B) und sprinten zurück (C).
- Danach starten 🔺2 und 🟢2, legen ebenfalls ein Leibchen in einen noch nicht belegten Reifen und sprinten zurück.
- Dann sind wieder 🔺1 und 🟢1 an der Reihe und legen das letzte Leibchen in einen noch nicht belegten Reifen.
- Gelingt es dabei einer Mannschaft, eine 3er-Reihe (horizontal (D), vertikal oder diagonal) zu legen, hat sie sofort gewonnen.
- Gelingt es dabei keiner Mannschaft, eine 3er-Reihe zu bilden, sprinten 🔺1 und 🟢1 wieder zurück und klatschen 🔺2 und 🟢2 ab.
- 🔺2 und 🟢2 laufen wieder zu den Reifen und dürfen jeweils ein Leibchen ihrer Farbe aufnehmen und wieder in einen anderen freien Reifen legen (E). Kann einer von beiden jetzt eine 3er-Reihe bilden, hat sein Team gewonnen. Gelingt dies nicht, laufen die Spieler wieder zurück und 🔺1 und 🟢1 sind wieder an der Reihe. Der Ablauf wiederholt sich jetzt so lange, bis es einer Mannschaft gelingt, eine 3er-Reihe zu bilden.
- Danach sind die nächsten beiden Mannschaften an der Reihe.

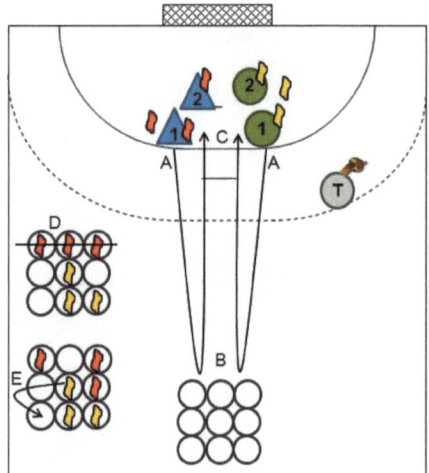

⚠ Ein Reifen darf immer nur mit einem Leibchen belegt werden.

⚠ Ein Spieler darf vom Loslaufen bis zum Ablegen des Leibchens maximal fünf Sekunden benötigen (Berechnung: Drei Sekunden für den Weg zu den Hütchen und zwei Sekunden um das Leibchen in einen Reifen zu legen).

Nr.: 3	Verbesserung des Tempospiels im Gegenstoß (TE 296)		★★★	90

Startblock		Hauptblock			
X	Einlaufen / Dehnen		Angriff / Individuell		Sprungkraft
	Laufübung	X	Angriff / Kleingruppe		Sprintwettkampf
X	Kleines Spiel		Angriff / Team		Torhüter
X	Koordination	X	Angriff / Wurfserie		
	Laufkoordination		Abwehr / Individuell		**Schlussblock**
	Kräftigung		Abwehr / Kleingruppe	X	Abschlussspiel
X	Ballgewöhnung		Abwehr / Team		Abschlusssprint
X	Torhüter-Einwerfen		Athletiktraining		
			Ausdauertraining		

★: Einfache Anforderung (alle Jugend-Aktivenmannschaften)	★★: Mittlere Anforderung (geeignet ab C-Jugend bis Aktive)	★★★: Höhere Anforderung (geeignet ab B-Jugend bis Aktive)	★★★★: Intensive Anforderung (geeignet für Leistungsbereiche)

Legende:

✖ Hütchen

△1 Angreifer

●1 Abwehrspieler

▣ Ballkiste

● Medizinball

▭ kleine Turnkiste

▬ Pommes (Schaumstoffbalken)

Benötigt:

➔ 6–10 Hütchen, eine kleine
Turnkiste, 6 Medizinbälle,
1 Kartenspiel, 8 Pommes
(Schaumstoffbalken),
2 Ballkisten mit ausreichend
Bällen

Beschreibung:

Ziel der Trainingseinheit ist das Verbessern des freien Spiels im Gegenstoß. Nach dem Einlaufen und einem kleinen Spiel werden in der Ballgewöhnung weite Pässe gespielt, was auch im Torhüter-Einwerfen aufgegriffen wird. Es folgt eine Wurfserie, in der genaue Pässe notwendig sind. Zwei Kleingruppenübungen trainieren das freie Spiel in Überzahl im Konter aus offenen Situationen, bevor ein Abschlussspiel mit wachsender Komplexität die Trainingseinheit abrundet.

Insgesamt besteht die Trainingseinheit aus folgenden Schwerpunkten:
- Einlaufen/Dehnen (Einzelübung: 10 Minuten/Trainingsgesamtzeit: 10 Minuten)
- Kleines Spiel (10/20)
- Ballgewöhnung (10/30)
- Torhüter einwerfen (10/40)
- Angriff/Wurfserie (10/50)
- Angriff/Kleingruppe (15/65)
- Angriff/Kleingruppe (10/75)
- Abschlussspiel (15/90)

Gesamtzeit der Einheit: 90 Min.

Nr.: 3-1	Einlaufen/Dehnen	10	10

Ablauf:
- Die Spieler bilden 2er-Teams, jedes Team hat einen Ball.
- Die Spieler laufen zu zweit durch die Halle und führen verschiedene Lauf- und Passbewegungen durch (Pässe mit der Wurfhand/mit der Nicht-Wurfhand/Sprungwurfpässe/Handgelenkspässe/Pässe hinter dem Rücken).
- Nach einiger Zeit vergrößern die Spieler kontinuierlich den Abstand, sodass am Ende weite Pässe gespielt werden.

Gemeinsam in der Gruppe dehnen/mobilisieren.

Nr.: 3-2	Kleines Spiel	10	20

Aufbau:
- Medizinbälle vor jeder Torlinie auslegen, zwei Mannschaften bilden.

Ablauf:
- Die Mannschaften spielen zunächst Parteiball auf der unteren Spielfeldhälfte.
- Dabei versucht die Mannschaft in Ballbesitz, fünf Pässe am Stück zu spielen, ohne dass die andere Mannschaft in Ballbesitz kommt (A und B).
- Die Pässe werden laut mitgezählt.
- Gelingen einer Mannschaft fünf Pässe in Folge, starten die Spieler sofort in die andere Spielfeldhälfte (C) und der aktuelle Ballhalter leitet den Konter ein (D).
- Durch geschicktes Laufen (E) und Passen (F) versuchen die Angreifer, einen Spieler in Wurfposition zu bringen (G) und mit einem Wurf auf die Medizinbälle abzuschließen.
- Die andere Mannschaft versucht, den Gegenstoß zu unterbinden (H).

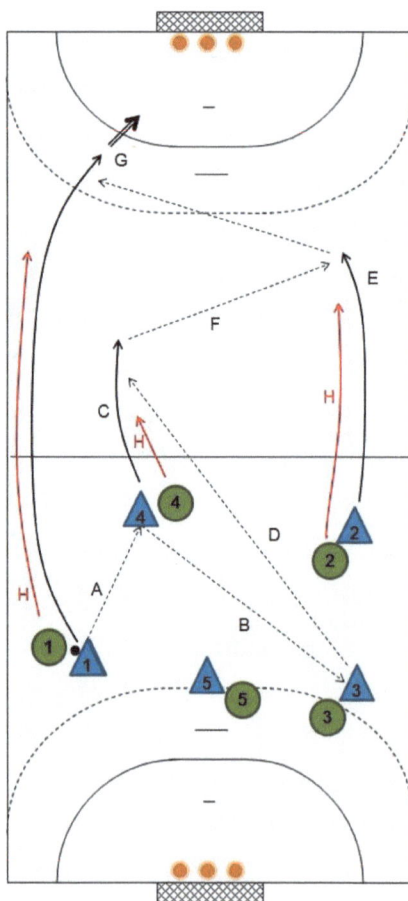

- Gelingt es, einen Medizinball zu treffen, sodass er ins Tor rollt, bekommt die Mannschaft einen Punkt.
- Nach dem Wurf sichert die bisher abwehrende Mannschaft sofort den Ball und startet in der oberen Spielfeldhälfte mit den Pässen.
- Welche Mannschaft erzielt mehr Punkte, bis alle Medizinbälle ins Tor oder Toraus gerollt sind?

⚠ Beide Mannschaften sollen nach den fünf Pässen sofort in die Folgeaktion (Gegenstoß/Abwehr) umschalten.

Nr.: 3-3	Ballgewöhnung	10	30

Aufbau:

- Die Spieler bilden 2er-Teams. Pro Team werden zwei weit entfernt stehende Hütchen aufgestellt (siehe Bild).

Ablauf:

- **2** startet ca. 1 m vor seinem Hütchen und läuft in Richtung **1** (A).

- **1** passt **2** in den Lauf (B), **2** passt zurück zu **1**.

- Es folgt ein weiterer Doppelpass (C).

- Dann umläuft **2** in schnellem Tempo das Hütchen hinter **1** (D) und startet sofort im Sprint zurück in Richtung seines eigenen Hütchens (E).

- **1** passt **2** den Ball in den Lauf (F).

- **2** umläuft in lockerem Tempo prellend das eigene Hütchen (G).

- Dann startet **1** mit dem gleichen Ablauf; er läuft in Richtung **2**, dabei werden zwei Doppelpässe gespielt. Dann umrundet **1** das Hütchen hinter **2**, sprintet zurück zu seiner Ausgangssituation und bekommt den langen Ball von **2** in den Lauf; usw.

- Andere Gruppen führen den Ablauf parallel durch.

- Nach fünf kompletten Runden wechseln die Spieler zu einem neuen Partner und wiederholen den gesamten Ablauf noch einmal.

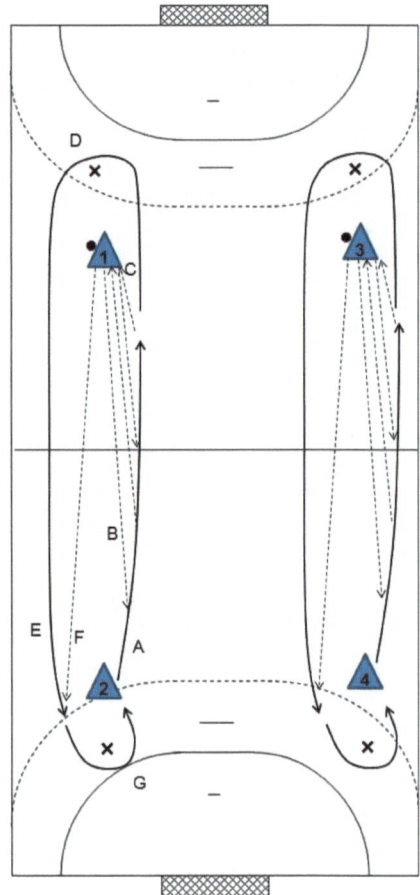

⚠️ Alle Pässe werden in den Lauf gespielt, sodass der Partner sein Lauftempo nicht verringern muss.

Nr.: 3-4	Torhüter einwerfen	10	40

Aufbau:

- Medizinbälle vor der Torlinie des unteren Tors auslegen, zwei Ballkisten wie im Bild aufstellen.

Ablauf:

- **1** wirft nach Vorgabe (Hände, hoch, tief) neben den linken Pfosten (A), etwas zeitverzögert wirft **2** (B) neben den rechten Pfosten.
- Dann werfen **3** (nach links) und **4** (nach rechts) (C und D) usw.
- Wenn der letzte Spieler auf der Mitte geworfen hat (im Bild **8**), starten **1** (E) und **2** (F) in den Konter.
- Der Torhüter sichert sich einen der geworfenen Bälle (G) und leitet den Konter ein (H). Er wählt dabei frei, auf welche Seite er den Auftaktpass spielt (im Beispiel zu **1**).
- Der andere Spieler (**2**) steigert das Tempo in Richtung Tor (J) und bekommt den Pass in den Lauf (K).
- **2** wirft und versucht, einen der Medizinbälle ins Tor zu treiben (L).
- Die anderen Spieler (die nicht den Konter gelaufen sind) holen sich neue Bälle aus den Ballkisten und wechseln eine Position nach außen (M).
- Dann startet wieder die Wurfserie mit zwei Spielern weniger, bis alle Spieler den Konter gelaufen sind.
- Schaffen es die Spieler, alle Medizinbälle ins Tor zu treiben?

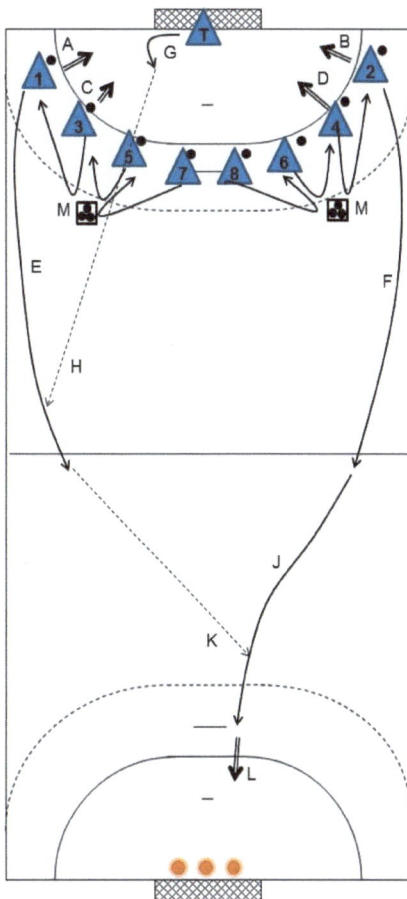

⚠ Der Torhüter muss nach dem letzten Wurf sofort einen Ball sichern und den Konter einleiten.

Nr.: 3-5	Angriff / Wurfserie	10	50

Aufbau:

- Mit zwei Hütchentoren die Laufwege markieren (s. Bild).

Ablauf:

- **1** passt zum Torhüter (A), startet in den Gegenstoß (B) und bekommt den schnellen Rückpass (C) in den Lauf.

- **1** passt zu **2** (D) und läuft weiter durch das erste Hütchentor.

- **2** passt zu **3** (E), gleichzeitig bricht **1** in die Mitte ein (F).

- **3** passt **1** in den Lauf (G), **1** durchläuft das zweite Hütchentor und wirft frei auf das Tor (H).

- Dann startet **4** den nächsten Ablauf.

- **1** stellt sich nach dem Wurf hinter **6** an, **3** läuft nach dem Pass hinter **5** und **2** holt sich nach seinem Pass einen Ball und stellt sich hinter **8** an.

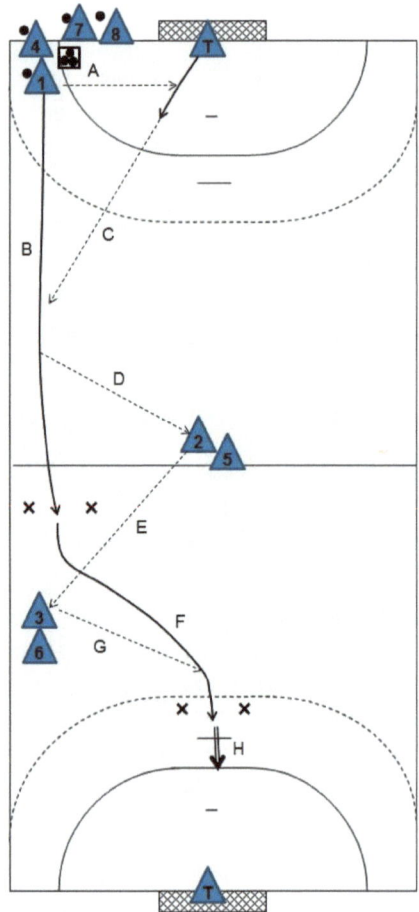

⚠ Die Spieler sollen im Konter das Tempo während des Passens und Fangens nicht verringern, alle Pässe müssen präzise gepasst werden.

⚠ Nach einigen Durchläufen wechseln die beiden Torhüter die Aufgaben.

Nr.: 3-6	Angriff / Kleingruppe	15	65

Aufbau:

- Neben dem Tor auf beiden Seiten je ein Hütchentor aufstellen.
- An der 7-Meter-Linie dreimal zwei Schaumstoffbalken (Pommes) parallel auslegen, im Tor ebenfalls zwei Schaumstoffbalken parallel auslegen (s. Bild).

Ablauf:

- Drei Spieler (Nummern 1-3) stellen sich je zwischen zwei parallele Balken.
- Die Spieler und der Torhüter starten auf Kommando und springen auf dem linken Bein über den linken Balken und zurück. Dann wechseln sie auf das rechte Bein, springen auf dem rechten Bein über den rechten Balken und zurück (A und B) usw.
- Nach 5–10 Sek. ruft der Trainer eine Nummer (1, 2 oder 3).
- Der genannte Spieler (im Bsp. **1**) startet sofort in den Gegenstoß (C), der Torhüter holt einen Ball neben dem Tor (D) und spielt den Pass zu **1** (E).
- **1** schließt mit Wurf ab (F).

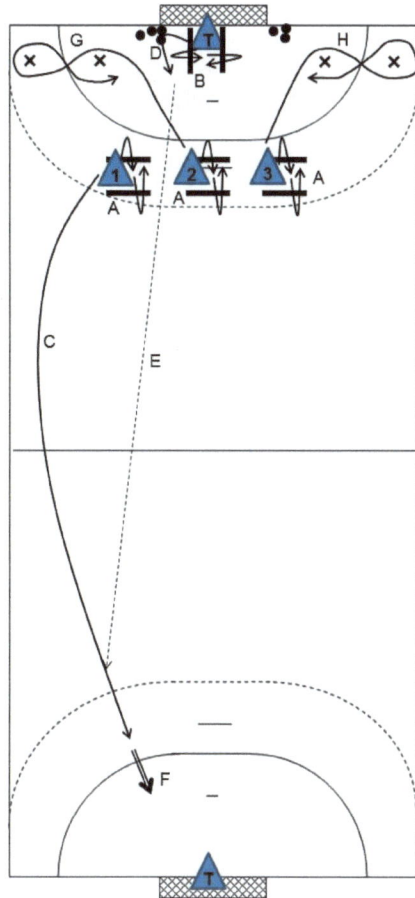

- Die beiden nicht genannten Spieler (2 und 3) laufen beim Kommando auf die beiden Seiten zu den Hütchentoren und umlaufen die Hütchen jeweils in einer Acht (G und H), danach durchlaufen sie erneut das Hütchentor und starten ebenfalls in den Gegenstoß (J und K).

- Der Torhüter holt einen neuen Ball (L) und leitet den Gegenstoß ein (M).

- 1 wird nach seinem Wurf zum Abwehrspieler (N).

- 2 und 3 spielen den Gegenstoß im 2gegen1 gegen 1 bis zum Torwurf (P und Q).

- Danach startet der Ablauf mit drei neuen Spielern usw.

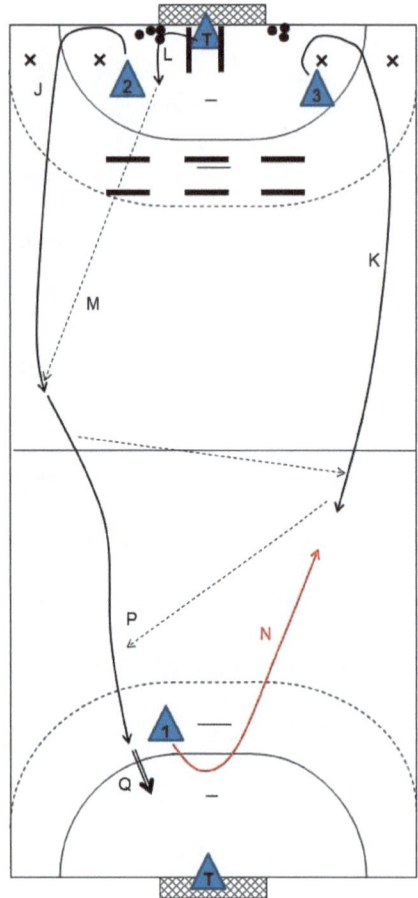

Nr.: 3-7	Angriff / Kleingruppe	10	75

Aufbau:

- Eine kleine Turnkiste an der Mittellinie aufstellen, ein Kartenspiel teilen und beide Stapel verdeckt auslegen.
- Auf der anderen Seite mit zwei Hütchen die Startpositionen markieren (s. Bild 1).
- Zwei Mannschaften bilden.

Ablauf:

- Ein Spieler jeder Mannschaft startet an der kleinen Turnkiste, zwei weitere Spieler jeweils an den Hütchen.
- Der Trainer legt einen Ball aus und deckt die beiden oberen Karten auf (A).
- Der Spieler, der die höhere Karte in seinem Stapel hat (hier 1), nimmt den Ball auf (B), diese Mannschaft ist im Angriff.

⚠ Der andere Spieler lässt die Ballaufnahme zu.

- 1, 2 und 3 spielen im freien Spiel (C, D und F) gegen 1, 2 und 3 (E) bis zum Torabschluss (G).

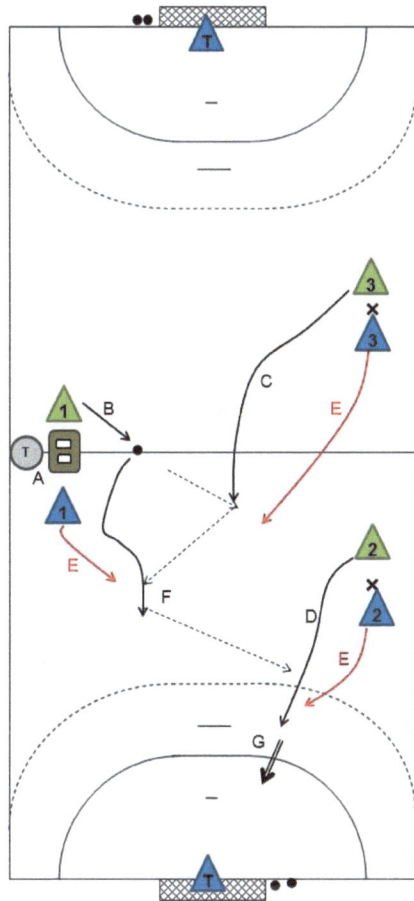

- Sofort nach dem Abschluss wechseln die Aufgaben und 1, 2 und 3 starten sofort in den Gegenstoß auf die andere Seite (J in Bild 2). Der Torhüter holt einen Ball (neben dem Tor) und leitet den Gegenstoß ein (H).

- 1, 2 und 3 spielen frei bis zum Torabschluss (L und M), 1, 2 und 3 werden zur Gegenstoßabwehr (K).

- Danach startet der Ablauf mit neuen Spielern.

⚠ Die Spieler sollen schnell erkennen, welches Team zunächst das Angriffsrecht hat.

⚠ Wird der Ball abgefangen, startet die Abwehr sofort in den Konter.

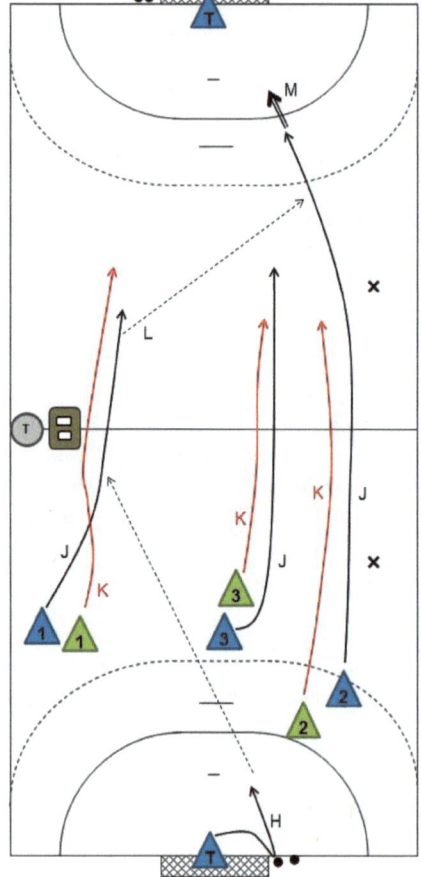

| Nr.: 3-8 | Abschlussspiel | 15 | 65 |

Aufbau:

- Zwei Mannschaften bilden.

Ablauf:

- 🔺1 startet mit Ball im 1gegen0 (A) und wirft frei auf ein beliebiges Tor (B).

- Verwirft 🔺1, probiert es ein weiterer Spieler der gleichen Mannschaft auf das andere Tor.

- Trifft ein Spieler im 1gegen0, kommen ein weiterer Angreifer (C und D) und ein Abwehrspieler (H) hinzu.

- Der Torhüter bringt jeweils den Ball ins Spiel (E und F).

- Es wird dann im 2gegen1 gespielt, bis wieder ein Tor fällt (J und K).

- Dabei können die Spieler auswechseln (ein Spieler verlässt das Feld (G), der andere kommt herein (C)), müssen aber nicht.

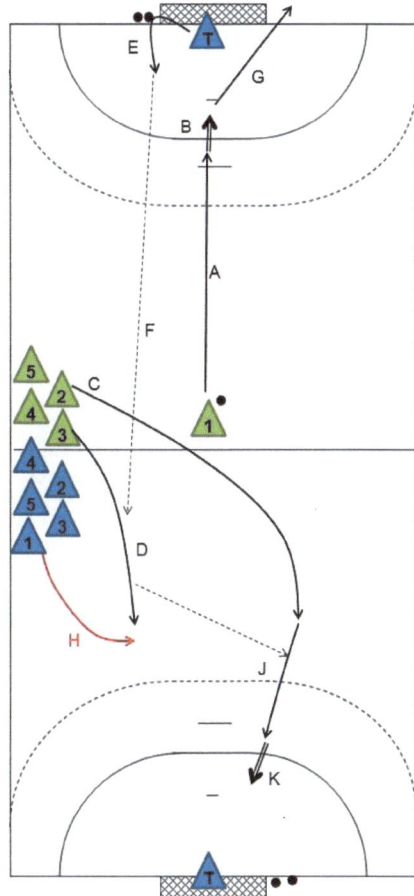

- Fällt ein Tor im 2gegen1, kommt
  wieder je ein Spieler hinzu (Q und
  P); es wird im 3gegen2 gespielt
  (M bis S), bis ein Tor fällt. Dann
  wird auf 4gegen3, dann 5gegen4
  und als letztes auf 5gegen5
  erweitert.

Gesamtablauf:

- Eine Mannschaft ist zunächst im
  Angriff, bis sie ein Tor im 5gegen5
  (6gegen6 bei ausreichender
  Spieleranzahl) geworfen hat, dann
  ist Aufgabenwechsel und die
  andere Mannschaft ist im Angriff.
  Welche Mannschaft benötigt
  weniger Zeit für die gestellte
  Aufgabe?
- Nur wenn ein Tor geworfen
  wurde, kommen zwei Spieler (ein
  Angreifer und ein Abwehrspieler)
  hinzu, ansonsten bleibt die Anzahl
  gleich, die Spieler können aber
  wechseln.
- Nach jedem Angriff wird der
  nächste Angriff auf das andere
  Tor gespielt.

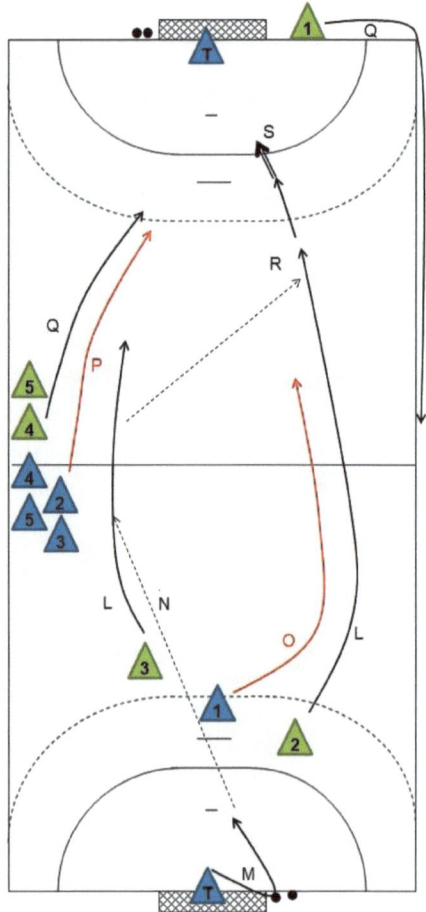

Notizen:

_____

_____

_____

_____

_____

_____

Nr.: 4	Erarbeiten einer strukturierten zweiten Welle durch langes Kreuzen und Weiterspieloptionen		★★★	90
Startblock		**Hauptblock**		
X	Einlaufen / Dehnen		Angriff / Individuell	Sprungkraft
	Laufübung	X	Angriff / Kleingruppe	Sprintwettkampf
X	Kleines Spiel		Angriff / Team	Torhüter
	Koordination	X	Angriff / Wurfserie	
	Laufkoordination		Abwehr / Individuell	**Schlussblock**
	Kräftigung		Abwehr / Kleingruppe	X Abschlussspiel
X	Ballgewöhnung		Abwehr / Team	Abschlusssprint
X	Torhüter-Einwerfen		Athletiktraining	
			Ausdauertraining	

★: Einfache Anforderung (alle Jugend-Aktivenmannschaften)	★ ★: Mittlere Anforderung (geeignet ab C-Jugend bis Aktive)	★ ★ ★: Höhere Anforderung (geeignet ab B-Jugend bis Aktive)	★ ★ ★ ★: Intensive Anforderung (geeignet für Leistungsbereiche)

Legende:

✖   Hütchen

🔺1   Angreifer

🟢1   Abwehrspieler

◯   Turnreifen

▣   Ballkiste

▭   kleine Turnkiste

🟦   Schaumstoffwürfel

🟠   Medizinball

Benötigt:

→ 5 Turnreifen, 12 Hütchen,
  1 kleine Turnkiste,
  1 Schaumstoffwürfel,
  2 Ballkisten mit
  ausreichend Bällen,
  3 Medizinbälle

Beschreibung:

Ziel der vorliegenden Trainingseinheit ist das Erarbeiten eines langen Kreuzens in der zweiten Welle. Nach dem Einlaufen, einem kleinen Spiel und der Ballgewöhnung, wird im Torhüter-Einwerfen zunächst das lange Kreuzen eingeführt. In der folgenden Wurfserie wird, kombiniert mit einem 1gegen0-Konter, das lange Kreuzen mit Ausgleichen des Mittelspielers trainiert. Zwei Kleingruppenübungen nehmen nach und nach Abwehrspieler und den Kreisläufer hinzu, bevor zum Abschluss der Ablauf im 4gegen4 angewendet wird.

Insgesamt besteht die Trainingseinheit aus folgenden Schwerpunkten:
- Einlaufen/Dehnen (Einzelübung: 15 Minuten/Trainingsgesamtzeit: 15 Minuten)
- Kleines Spiel (10/25)
- Ballgewöhnung (10/35)
- Torhüter einwerfen (10/45)
- Angriff/Wurfserie (10/55)
- Angriff/Kleingruppe (15/70)
- Angriff/Kleingruppe (10/80)
- Abschlussspiel (10/90)

Gesamtzeit der Trainingseinheit: 90 Min.

Nr.: 4-1	Einlaufen / Dehnen	15	15

Aufbau:

- Fünf Reifen auf der unteren Hälfte mit etwas Abstand auslegen und die Laufwege mit Hütchen wie im Bild dargestellt markieren.

Ablauf 1:

- 1 startet prellend mit Ball. Der Ball wird dabei einmal in jeden Reifen geprellt (1 läuft außerhalb der Reifen) (A).
- Nach den Reifen steigert 1 das Tempo (B) und prellt im Slalom um die Hütchen (C).
- Nach dem letzten Hütchen sprintet 1 um das Hütchen in der Mitte (D) und bis zum 6-Meter-Kreis zurück (E) (zunächst 70 %; das Tempo in den weiteren Durchgängen nach und nach steigern).
- 1 durchläuft prellend im Sidestep die Hütchen (F) und berührt jedes Hütchen mit der äußeren Hand (der Ball wird in die andere Hand gewechselt).
- Dann stellt 1 sich wieder an und startet in die nächste Runde, wenn er wieder an der Reihe ist.
- 2 startet, wenn 1 die Reifen (A) verlässt.
- Jeder Spieler läuft die Runde (5-mal/10-mal).

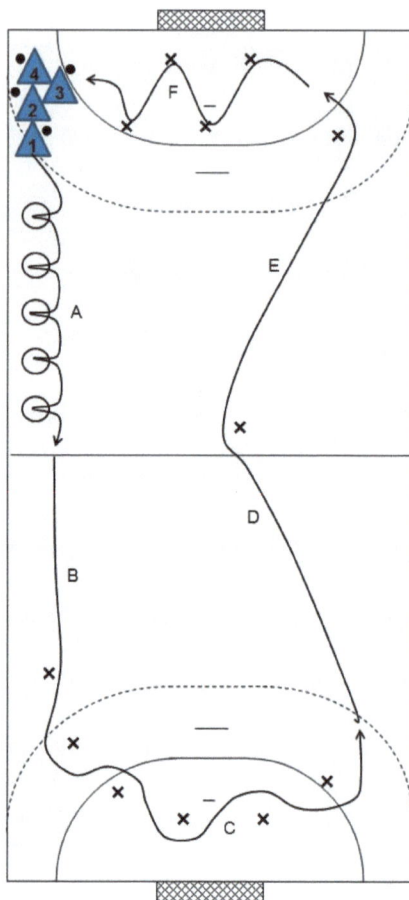

Ablauf 2:

- Der Laufweg aus Ablauf 1 bleibt erhalten.
- Jeder Spieler hat einen zweiten Ball.
- Der Ablauf wird mit einem Ball prellend absolviert, der andere Ball wird mit dem Fuß geführt.
- Der Ablauf wird mit zwei Bällen prellend absolviert, ein Ball wird jeweils in den Reifen, der andere mit der anderen Hand normal geprellt (A). In der Hütchenreihe (F) wird der zweite Ball in die Hand genommen und dieser Ball berührt die Hütchen.

Gemeinsam in der Gruppe dehnen/mobilisieren.

Nr.: 4-2	Kleines Spiel	10	25

Aufbau:

- Es werden zwei Mannschaften gebildet.
- In der Mitte einen Kreis auf dem Hallenboden markieren oder einen bereits existierenden Kreis verwenden.
  Im Kreis wird eine kleine Turnkiste aufgestellt, darauf ein Schaumstoffwürfel gelegt.

Ablauf Aktion1:

- Eine Mannschaft startet im Angriff und versucht, durch schnelle Pässe (A und B) in Wurfposition zu kommen und den Würfel auf der Kiste abzuwerfen (C).
- Die andere Mannschaft versucht, den Wurf auf den Würfel zu verhindern und den Ball zu gewinnen.
- Nach einem Ballgewinn darf die zuvor abwehrende Mannschaft ihrerseits versuchen, den Würfel von der Kiste zu werfen.
- Die Mannschaft, die den Würfel trifft, bekommt einen Punkt.
- Nach dem Punktgewinn beginnt sofort Aktion 2.

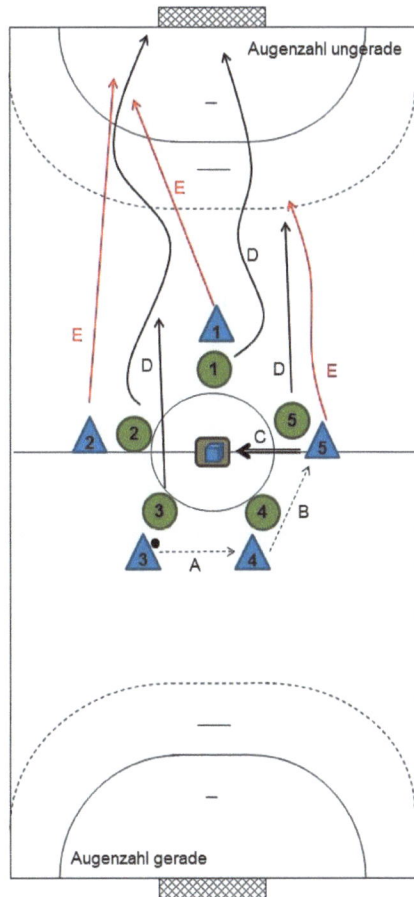

Ablauf Aktion2:

- Beide Mannschaften versuchen, nachdem der Würfel getroffen wurde, den Ball zu sichern (im Bild gelingt dies ①).
- Die gewürfelte Augenzahl entscheidet darüber, auf welche Auslinie im Anschluss gespielt wird:
  - Liegt eine ungerade Augenzahl oben (1, 3 oder 5), wird auf die obere Torauslinie gespielt (wie im Bild).
  - Liegt eine gerade Augenzahl oben (2, 4 oder 6), wird auf die untere Torauslinie gespielt.

- Die Mannschaft, die den Ball erkämpfen konnte, versucht, den Ball schnellstmöglich hinter der entsprechenden Torauslinie abzulegen (D). Ein erfolgreiches Ablegen ergibt einen Punkt.
- Die andere Mannschaft geht in die Abwehr und versucht, den Punkt zu verhindern (E).

Gesamtablauf:

- Die Punkte jeder Mannschaft am Kasten und beim Spiel auf die Linien werden zusammen gezählt.
- Die Mannschaften sind abwechselnd zu Beginn im Angriff/in der Abwehr.
- Welche Mannschaft schafft bei insgesamt 20 Spielrunden die meisten Punkte?

⚠ Nach dem Wurf auf die kleine Kiste muss schnell der Ball gesichert und in die zweite Aktion gestartet werden.

Nr.: 4-3	Ballgewöhnung	10	35

Aufbau:

- Hütchen zur Markierung der Laufwege wie im Bild aufstellen.
- Zwei Mannschaften bilden.

Ablauf (Pass- und Sprintkontinuum):

- 1 passt zu 2 (A), startet in den Konter (B) und bekommt den langen Pass von 2 in den Lauf (C).
- 1 umprellt das hintere Hütchen (D) und spielt im Laufen einen Doppelpass mit 3 (E und F).
- Während des Doppelpasses startet 4 im Sprint auf die andere Seite (G) und bekommt den langen Pass von 1 in den Lauf (H).
- 4 passt diagonal zu 2 (K), der inzwischen die Ausgangsposition von 1 eingenommen hat (J).
- 1 stellt sich nach dem Pass zu 4 (H) an der Position von 3 an (M), 3 wechselt auf die von 4 (L). 4 besetzt die Position von 2, der den nächsten Ablauf startet.
- Die zweite Mannschaft führt den Ablauf parallel durch.

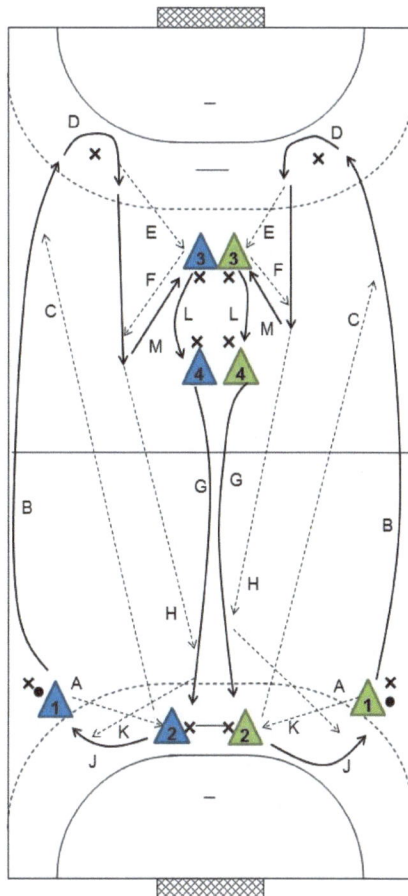

Gesamtablauf:

- 1 und 1 starten gleichzeitig mit dem gleichen Pass- und Sprintkontinuum (s. o.).
- Jede Mannschaft absolviert den Ablauf so lange, bis jeder Spieler viermal den Konter (B) gelaufen ist.
- Welche Mannschaft schafft die vier Runden schneller?

⚠ Die Spieler müssen sauber passen, um schnell den Ablauf absolvieren zu können. Ein Ball, der nicht gefangen wird, muss gesichert werden; der Ablauf wird dann an der Stelle des Ballverlusts fortgesetzt.

| Nr.: 4-4 | Torhüter einwerfen | 10 | 45 |

Aufbau:

- Medizinbälle als Wurfziele vor der Torlinie des unteren Tors auslegen.

Ablaun:

- **1** wirft nach Vorgabe (Hände, hoch, tief) nach links (A), **2** etwas zeitversetzt nach Vorgabe nach rechts (B).

- Beide starten nach dem Wurf in den Konter (C) (sie laufen dabei jeweils außerhalb der Hütchen).

- **T2** spielt **1** den Ball an die Mittellinie (D).

- **2** erhöht das Tempo und zieht ein langes Kreuzen an (E). **1** kreuzt hinter **2**, bekommt den Pass (F), wirft auf die Medizinbälle und versucht, einen Medizinball hinter die Torlinie zu treiben (G).

- Nach ihren jeweiligen Würfen starten **3** und **4** den gleichen Ablauf. Sie verzögern aber den Konter so lange, dass **1** und **2** geworfen haben, wenn **3** und **4** das Kreuzen beginnen.

- Schaffen die Spieler es, alle Medizinbälle ins Tor zu treiben, bis das Einwerfen des Torhüters beendet ist?

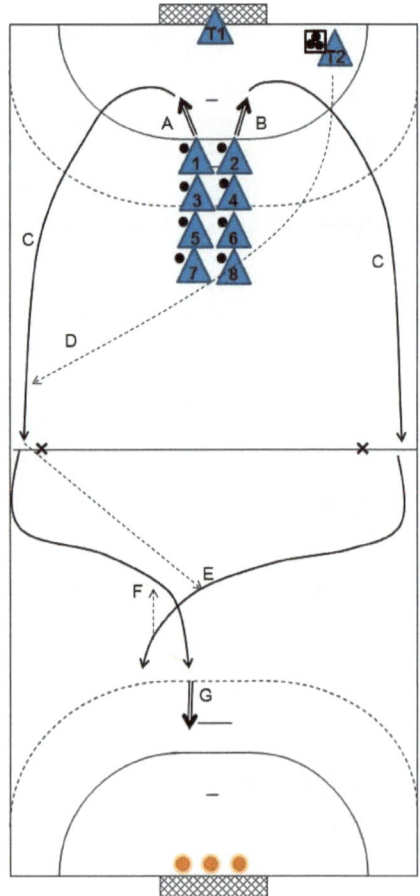

⚠ Die Spieler sollen im Kreuzen das Lauftempo deutlich erhöhen und das richtige Timing im Kreuzen finden.

| Nr.: 4-5 | Angriff / Wurfserie | 10 | 55 |

Aufbau:

- Ballkisten wie im Bild aufstellen.

Ablauf:

- 1 passt zu T2 (A), sprintet in den Gegenstoß (B) und bekommt von T2 den langen Pass (C) in den Lauf.
- 1 schließt mit Wurf ab (D) und stellt sich mit einem neuen Ball hinter 6 an (Bild 2).

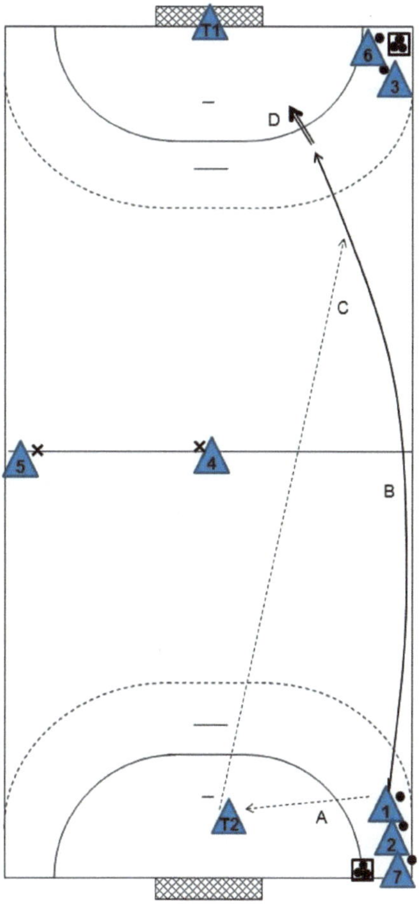

- Nach dem Wurf von ▲1, passt ▲3 zu ▲T1 (E), startet in den Gegenstoß (F) und bekommt den kurzen Pass von ▲T1 (G).

- ▲3 passt zu ▲4 (H).

- ▲5 zieht ein langes Kreuzen (über die Mitte) an (J) und bekommt den Pass in den Lauf (K).

- ▲3 erhöht sein Lauftempo, kreuzt hinter ▲5 (L), bekommt den Ball in den Lauf (M) und zieht Richtung Tor.

  ▲4 gleicht nach seinem Pass in das Kreuzen auf die Position von ▲5 aus und zieht parallel in Richtung Tor (Q).

- ▲3 passt ▲4 in den Lauf und ▲4 schließt mit Wurf ab (R).

- Dann beginnt ▲2 den nächsten Ablauf.

- ▲4 stellt sich an, ▲3 übernimmt die Position von ▲5, ▲5 die von ▲4.

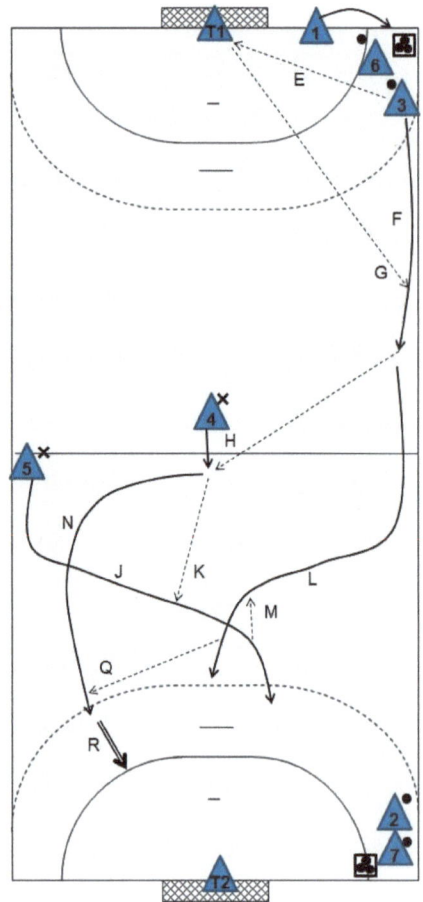

⚠ ▲5 soll das Kreuzen breit anlegen und deutlich auf die andere Seite verlagern (J). ▲3 nimmt das Kreuzen in hohem Tempo an und zieht dann deutlich Richtung Tor.

Nr.: 4-6	Angriff / Kleingruppe	15	70

Aufbau:

- Ballkisten wie im Bild aufstellen.

Ablauf:

- **2** (A), **1** und **3** (B) starten in den Gegenstoß (zweite Welle).

- **T2** passt den Ball zu **2** (C).

- **1** zieht ein langes Kreuzen (über die Mitte an) und bekommt den Pass in den Lauf (D).

- **3** erhöht sein Lauftempo, kreuzt hinter **1** (E), bekommt den Ball in den Lauf und zieht Richtung Tor.

- Bleibt **1** defensiv, wirft **3** (F).

- Tritt **1** nach vorne (G), passt **3** zu **2** (H), der auf die linke Seite ausgleicht und parallel mitstößt. **2** schließt mit Wurf ab (J).

- Nach dem Wurf sichert **T1** den Ball (K).

- **1** wird der neue Spieler in der Mitte (N) und bekommt den langen Pass in den Lauf (O).

- Die beiden Angreifer, die nicht mit Wurf abgeschlossen haben, laufen den Gegenstoß auf links und rechts mit (L und M), der dritte Spieler wird der neue Abwehrspieler.

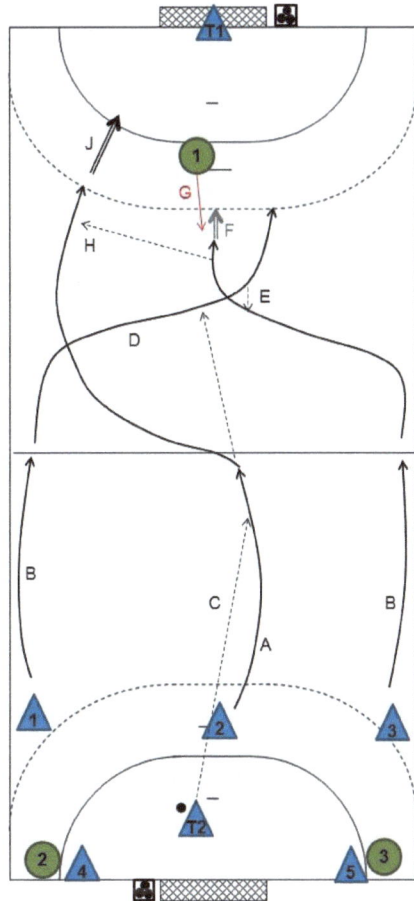

- Ein Spieler zieht das lange Kreuzen an und bekommt von **1** den Pass in den Lauf (P).

- **1**, **1** und **3** spielen mit dem langen Kreuzen im 3gegen2 gegen **2** und **3** bis zum Torabschluss (Q, R, S und T).

- Dann starten **2**, **3** und **4** als neuer Mittelspieler den Ablauf erneut.

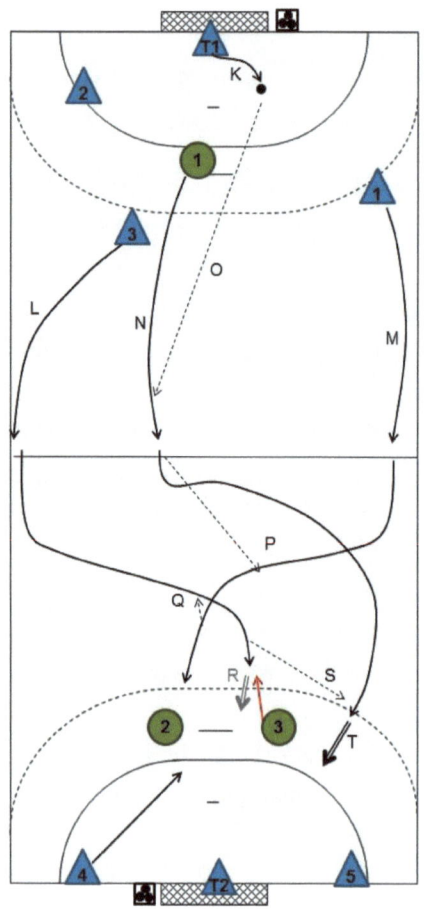

Nr.: 4-7	Angriff / Kleingruppe	10	80

Aufbau:

- Ballkisten wie im Bild aufstellen.

Ablauf:

- **2**, **1** und **3** starten in den Gegenstoß (zweite Welle).

- **T2** passt den Ball zu **2** (A).

- Ein Spieler (hier **1**) zieht ein langes Kreuzen (über die Mitte) an und bekommt den Pass in den Lauf (B):

- **3** erhöht sein Lauftempo, kreuzt hinter **1** (C), bekommt den Ball in den Lauf und zieht Richtung Tor.

- Gemeinsam mit **4** am Kreis spielen **1**, **2** und **3** nach dem Kreuzen im 4gegen3 gegen **1**, **2** und **3** frei weiter bis zum Torabschluss (D und E).

- Danach sichert **T1** sofort den Ball.

- **4** startet sofort in den Gegenstoß und besetzt die Kreisposition auf der anderen Spielfeldhälfte. **1**, **2** und **3** werden zu Abwehrspielern, sie ziehen sich sofort auf die andere Seite zurück.

- **1**, **2** und **3** machen jeder drei Liegestützen und starten dann in den Gegenstoß. **T1** bringt den Ball ins Spiel und der Ablauf wiederholt sich auf der anderen Seite.

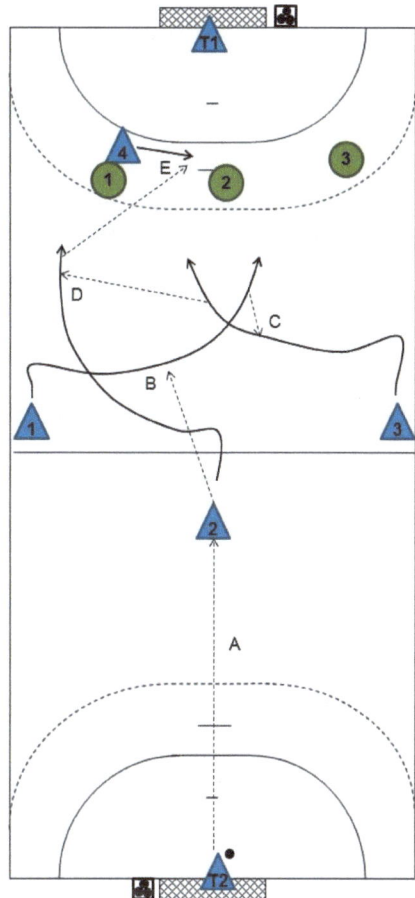

⚠ Die Spieler sollen das Kreuzen breit anlegen, dann in vollem Tempo annehmen und bis zum Abschluss frei weiterspielen.

⚠ Weitere Spieler wechseln nach zwei Aktionen in den Ablauf ein (der Werfer wechselt aus).

Nr.: 4-8	Abschlussspiel	10	90

Ablauf:

- Zwei Mannschaften spielen im 4gegen4 (bei mehr Spielern 5gegen5 oder 6gegen6) gegeneinander.
- Nach einem Angriff (auch bei einem Torerfolg) startet die Abwehr sofort in den Gegenstoß.
- Die Außenspieler und der Kreisläufer laufen die erste Welle, die Rückraumspieler spielen den in den Vorübungen trainierten Ablauf. Es wird bis zum Torabschluss (oder Ballverlust) weitergespielt.
- Gelingt ein Tor aus dem obigen Ablauf, bekommt die Mannschaft einen zweiten Angriff ab der Mittellinie.
- Welches Team erzielt mehr Tore?

Notizen:

_____

_____

_____

_____

_____

_____

_____

_____

_____

_____

_____

Nr.: 5	Eine Auftakthandlung nach „Schneller Mitte" Schritt für Schritt erarbeiten (TE 277)		★★★	90
Startblock		**Hauptblock**		
X	Einlaufen / Dehnen		Angriff / individuell	Sprungkraft
	Laufübung	X	Angriff / Kleingruppe	Sprintwettkampf
	Kleines Spiel	X	Angriff / Team	Torhüter
	Koordination		Angriff / Wurfserie	
X	Laufkoordination		Abwehr / Individuell	**Schlussblock**
	Kräftigung		Abwehr / Kleingruppe	X	Abschlussspiel
X	Ballgewöhnung		Abwehr / Team		Abschlusssprint
X	Torhüter-Einwerfen		Athletiktraining	
			Ausdauertraining	

★: Einfache Anforderung (alle Jugend-Aktivenmannschaften)	★★: Mittlere Anforderung (geeignet ab C-Jugend bis Aktive)	★★★: Höhere Anforderung (geeignet ab B-Jugend bis Aktive)	★★★★: Intensive Anforderung (geeignet für Leistungsbereiche)

Legend / Beschreibung:

Legende:

✖   Hütchen

△1   Angreifer

●1   Abwehrspieler

▬   dünne Turnmatte

▟▙▙▙   Hürde oder kleine Turnkiste

▭▭▭   Koordinationsleiter

Benötigt:
➜ 5 Hütchen, 1 Koordinationsleiter, 2 Hürden (oder kleine Turnkisten), 1 dünne Turnmatte

Beschreibung:

Das Ziel der vorliegenden Trainingseinheit liegt im Erarbeiten einer einfachen Auftakthandlung nach der „Schnellen Mitte". Nach der Erwärmung und einer Laufkoordinationsübung folgt mit der Ballgewöhnung und dem Torhüter-Einwerfen das Üben der Grundlagen. In drei weiteren Übungen werden die Lauf- und Passbewegungen erweitert und zu einer Auftakthandlung zusammengesetzt. Im abschließenden Spiel wird das zuvor Geübte angewendet.

Insgesamt besteht die Trainingseinheit aus folgenden Schwerpunkten:
- Einlaufen/Dehnen (Einzelübung: 10 Minuten / Trainingsgesamtzeit: 10 Minuten)
- Laufkoordination (10/20)
- Ballgewöhnung (10/30)
- Torhüter einwerfen (10/40)
- Angriff/Kleingruppe (10/50)
- Angriff/Team (15/65)
- Angriff/Team (15/80)
- Abschlussspiel (10/90)

Gesamtzeit der Trainingseinheit: 90 Min.

Nr.: 5-1	Einlaufen / Dehnen	10	10

Ablauf:
- Zwei Spieler gehen mit Ball zusammen, laufen gemeinsam durch die Halle und passen sich dabei fortlaufend locker den Ball zu.
- Die beiden Spieler sollen permanent die Laufbewegung (vorwärts, rückwärts, seitwärts) und den Abstand zueinander verändern.

Erweiterung nach ein paar Minuten:
- Gelingt es einer 2er-Gruppe, einen anderen Ball abzufangen, ohne dabei den eigenen Ball zu verlieren, muss die Gruppe, von der der Ball abgefangen wurde, z. B. fünf schnelle Hampelmannbewegungen machen usw.

Gemeinsam in der Gruppe dehnen.

Nr.: 5-2	Laufkoordination	10	20

Ablauf 1:

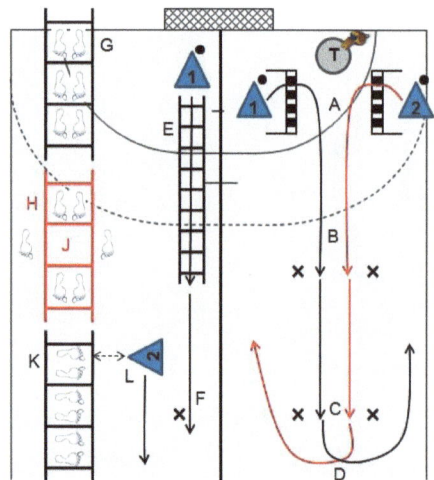

- **1** und **2** stellen sich mit Ball beidbeinig stehend vor die Hürde (Blickrichtung zueinander).
- Auf Pfiff starten **1** und **2** gleichzeitig, überspringen die Hürde (A) und laufen in der Seitwärtsbewegung (Blickrichtung zueinander) zum ersten Hütchen, der Ball wird dabei mit beiden Händen über dem Kopf gehalten (B).
- Beim Hütchen angekommen, drehen sich beide Spieler nach vorne und sprinten (prellend) weiter bis zum zweiten Hütchen (C). Der Verlierer macht danach sofort fünf schnelle Hampelmannbewegungen und beide Spieler stellen sich für den nächsten Durchgang auf der anderen Seite wieder an (D).
- Jeder Spieler wiederholt den Ablauf insgesamt dreimal auf jeder Seite.

handball-uebungen.de
Trainingseinheiten und Übungen für Ihr Training!

Danach startet Ablauf 2:

- ▲1 startet mit Ball und durchläuft die Koordinationsleiter (E) nach folgenden Vorgaben:
  - o Mit je einem Kontakt je Fuß (links und rechts) je Zwischenraum so schnell wie möglich durch die Koordinationsleiter laufen (G) und dabei den Ball um die Hüfte kreisen lassen.
- Am Ende der Koordinationsleiter angekommen, sprintet ▲1 jeweils mit dem Ball prellend bis zum Hütchen (F) und kommt dann im langsamen Trab wieder zurück.
- Jeden Ablauf zweimal wiederholen.

Weitere Vorgaben für die nächsten Durchgänge:

- In der Hampelmannbewegung durch die Koordinationsleiter springen (H), wenn die Arme dabei in der Sprungbewegung nach oben geführt werden (J), wird der Ball jeweils in die andere Hand übergeben usw.
- Seitwärts durch die Koordinationsleiter mit Doppelkontakt je Zwischenraum laufen (K) und dabei den Ball mit einem Mitspieler fortlaufend hin und her passen (L).

Nr.: 5-3	Ballgewöhnung	10	30

Aufbau:

- Die Feldspieler verteilen sich gleichmäßig auf die vier Startpunkte (min. zwei Spieler je Startpunkt).

Ablauf:

- 1 und 3 starten den Ablauf gleichzeitig und bekommen von T1 und T2 den Ball in den Lauf gespielt (A).

- 1 und 3 sollen dabei etwas versetzt Richtung Mittellinie laufen (B), damit sie nicht kollidieren.

- 2 und 4 laufen an und bekommen von 1 und 3 den Ball in die Laufbewegung Richtung Tor gespielt (C).

- 2 und 4 spielen den Ball zu T1 und T2 (D). Danach wiederholt sich der Ablauf mit dem Pass zu 5 und 7 usw.

- Die Spieler sollen sich nach ihrem Pass dort anstellen, wohin sie gepasst haben. 2 stellt sich hinter 7 und 4 hinter 5 an.

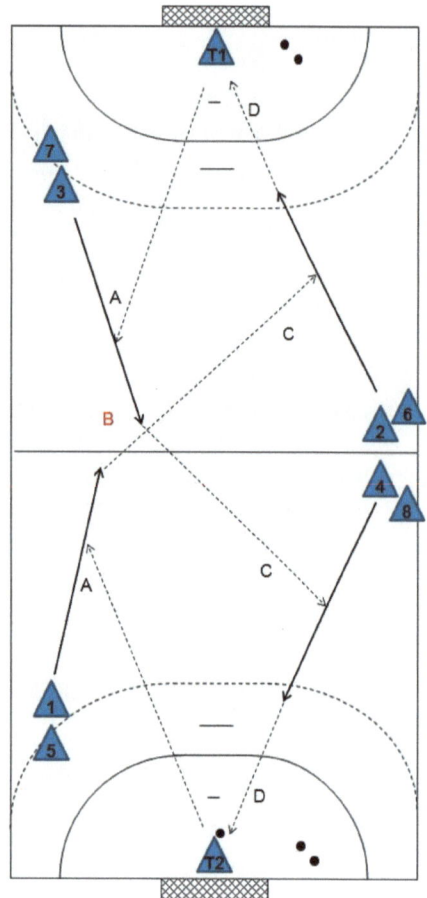

Variationen:

- Ansprinten, Ball fangen, passen.
- Pässe nur im Sprungwurf.
- Tempo steigern.

⚠ Ball in der Bewegung annehmen und ohne Prellen in der Bewegung wieder passen.

⚠ „Fanghände" zeigen, damit der Werfer es einfacher hat.

⚠ Geht ein Ball verloren, bringen die Torhüter sofort einen neuen Ball ins Spiel.

⚠ Laufwege immer in Richtung Tor.

Nr.: 5-4	Torhüter einwerfen	10	40

Ablauf:

- läuft mit Ball an und wirft links hoch (A).

- läuft etwas verzögert an und wirft rechts hoch (B).

- läuft etwas verzögert an und wirft links tief.

- läuft etwas verzögert an und wirft rechts tief.

- Nach seinem Wurf startet sofort zur Mittellinie (C).

- holt sich sofort nach dem letzten Wurf einen Ball (D) und passt ihn zu (E), der sich zum Anspiel auf der Mittellinie positioniert und den Ball fängt.

- Danach wiederholt sich der Ablauf mit der nächsten 4er-Gruppe. soll dabei immer dem ersten Werfer die Ecke (links oder rechts oben) anzeigen, wohin der erste Wurf erfolgen soll:
  - o Entweder: links hoch – rechts hoch – links tief – rechts tief.
  - o Oder: rechts hoch – links hoch – rechts tief – links tief.

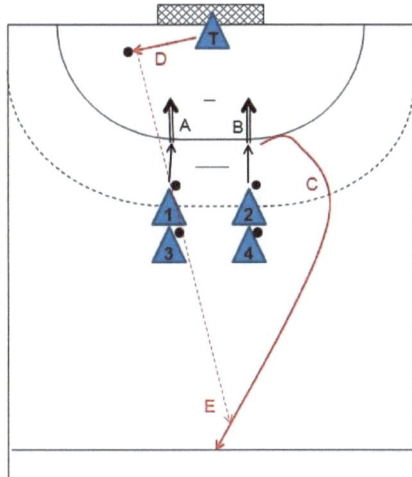

⚠ soll den Ball so an die Mittellinie spielen, dass den Ball kurz vor der Mittellinie fangen kann und mit max. 1–2 Schritten dann den Regeln entsprechend am Anspielpunkt steht.

Nr.: 5-5	Angriff / Kleingruppe		10	50

Ablauf:

- T1 startet den Ablauf und macht einen Purzelbaum auf der dünnen Turnmatte (A).

- Das ist das Signal für 1 und 4, loszulaufen (B und C).

- 1 läuft an die Mittellinie an den Anspielpunkt und bekommt von T1 den Ball auf an Anspielpunkt gespielt (D).

- 4 soll sein Laufen so abstimmen, dass er etwas hinter 1 mit Abstand zur Mittellinie bleibt.

- Steht 1 den Regel entsprechend richtig am Anspielpunkt, pfeift der Trainer (E).

- 4 soll nun sein Lauftempo deutlich steigern und bekommt von 1 den Ball in die Laufbewegung gespielt (F).

- 4 läuft mit Ball um das Hütchen herum (G), kreuzt danach in der Mitte mit 1 und spielt 1 den Ball in den Lauf (H).

- 1 schließt mit Wurf ab (J).

- Danach startet der gleiche Ablauf mit 2 und 5 usw.

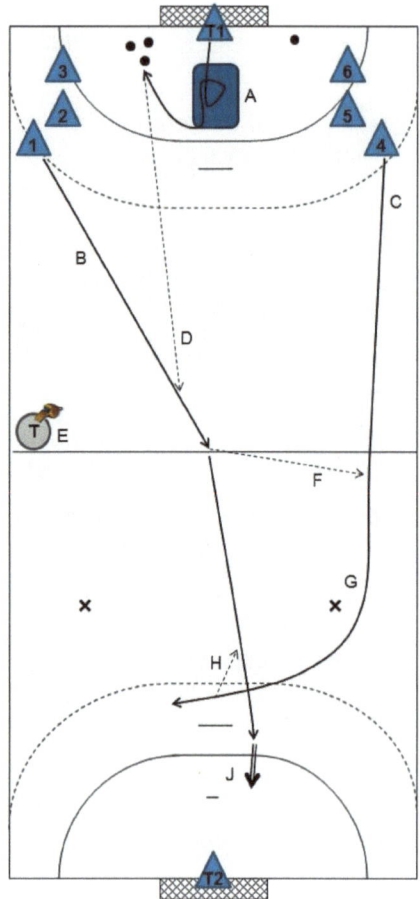

⚠️ T1 soll den Ball so an den Anspielpunkt spielen (D), dass 1 dann noch 1–2 Schritte benötigt, bis er den Fuß auf die Markierung stellen kann, um nach dem Pfiff des Trainers den Ball sofort ins Spiel bringen zu können.

⚠️ 4 soll das Anlaufen zur Mittellinie so steuern, dass er nach dem Pfiff (E) aus dem vollen Lauf heraus über die Mittelinie läuft und dann den Ball bekommt (F).

Nr.: 5-6	Angriff / Team		15	65

Startposition:

- ▲1, ▲2, ▲3 und ▲6 stehen kurz nach der 9-Meter-Linie Richtung Mittellinie.

- ▲6 fungiert in der ersten Runde als Anspielstation an der Mittellinie.

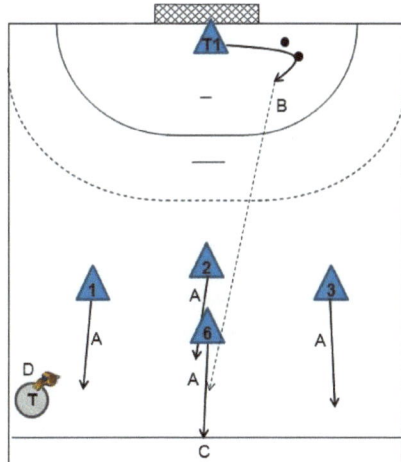

Ablauf:

- Beim 1. Pfiff von Ⓣ starten ▲1, ▲2, ▲3 und ▲6 Richtung Mittellinie (A). ▲T1 holt so schnell wie möglich den Ball und passt ihn zu ▲6 (B), der ihn kurz vor dem Anspielpunkt bekommen soll und mit einem letzten Schritt dann regelkonform auf dem Anspielpunkt mit Ball steht (C).

- Sobald ▲6 korrekt auf dem Anspielpunkt steht (C), pfeift Ⓣ an (D).

- ▲1, ▲2 und ▲3 sollen ihre Laufbewegung so steuern, dass sie vor der Mittellinie bleiben und mit dem Pfiff (D) in hohem Tempo über die Mittellinie laufen können (E).

- Mit dem Pfiff (D) spielt ▲6 den Ball in die Laufbewegung von ▲1 (F).

- ▲1 läuft mit Ball dynamisch über die Mitte kommend Richtung ●2, bindet ihn und versucht ihn nach außen wegzuziehen.

- ▲3 kommt im Bogen (G) angelaufen, nimmt die Kreuzbewegung von ▲1 an und bekommt den Ball gespielt (H).

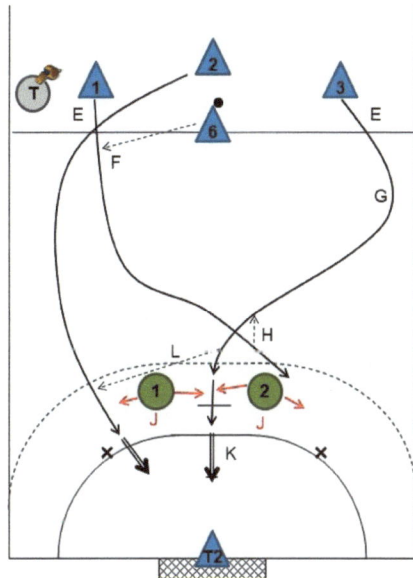

- Abhängig davon, wie **1** und **2** in der Abwehr reagieren (J), soll **3** durchbrechen und mit Wurf abschließen (K) oder den Ball weiter zu **2** spielen (L), der im großen Bogen angelaufen kommt und dann mit Wurf abschließt.
- Danach wiederholt sich der Ablauf mit der nächsten 4er-Gruppe usw.
- **6** entscheidet mit seinem Pass (F), ob **1** oder **3** die Kreuzbewegung anzieht.

⚠ **1**, **2** und **3** sollen als erstes Ziel immer den eigenen Durchbruch suchen, gelingt dies nicht, sollen sie den Ball weiterspielen, bevor sie von der Abwehr am Abspiel gehindert werden können.

⚠ **1**, **2** und **3** sollen die Laufbewegungen nach dem Anspiel in höchstem Tempo absolvieren.

Nr.: 5-7	Angriff / Team		15	80

Ablauf:

- Der Auftakt mit dem Pass von ▲T1 ist identisch mit der Übung zuvor (A und B).

- Mit dem Pfiff von Ⓣ (C) spielt ▲6 den Ball entweder ▲1 oder ▲3 in die Laufbewegung (D).

- ▲3 läuft mit Ball dynamisch über die Mitte kommend (D) Richtung ●2, bindet ihn und versucht ihn nach außen wegzuziehen.

- ▲6 läuft nach dem Anspiel sofort durch bis an den Kreis (E) und stellt sich bei ●2 nach innen in die Sperrstellung (bei einem Auftaktpass zu ▲1, stellt sich ▲6 bei ●3 in die Sperrstellung).

- ▲1 kommt im Bogen (F) angelaufen, nimmt die Kreuzbewegung von ▲3 an und bekommt den Ball gespielt (F).

- ▲1 geht dynamisch mit Ball Richtung Tor, versucht, die Sperrstellung von ▲6 zu nutzen und durchzubrechen (G).

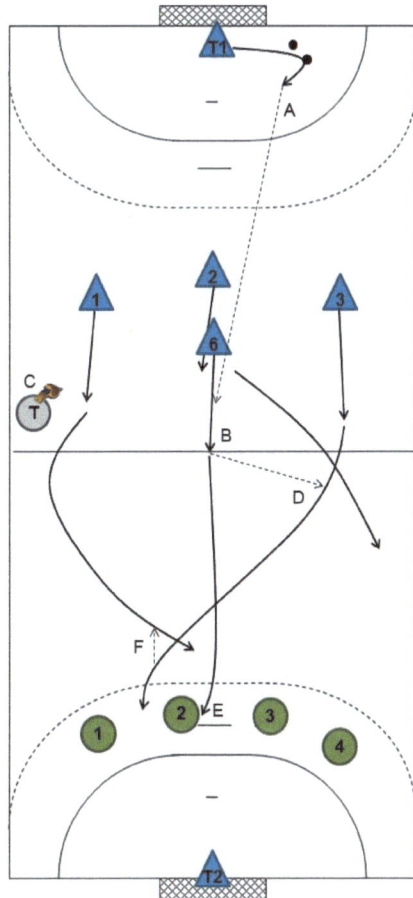

- Stellt **3** den Laufweg für den Durchbruch (G) zu, spielt **1** den Ball weiter zu **2** (H), der ebenfalls versucht, durchzubrechen.
- Gelingt es dem Angriff, ein Tor zu erzielen, wiederholt sich der Ablauf sofort von der anderen Seite mit den neuen Angreifern **1**, **2**, **3** und **4** und dem Pass von **T2** zum Anspiel an der Mittellinie.
- **1**, **2**, **3** und **4** werden die neuen Abwehrspieler.
- Gelingt den jeweiligen Angreifern kein Abschluss aus der „Schnellen Mitte", pfeift **T** irgendwann. Dies ist dann das Signal für alle Spieler, dass die Rollen getauscht werden und eine neue „Schnelle Mitte" gespielt wird.

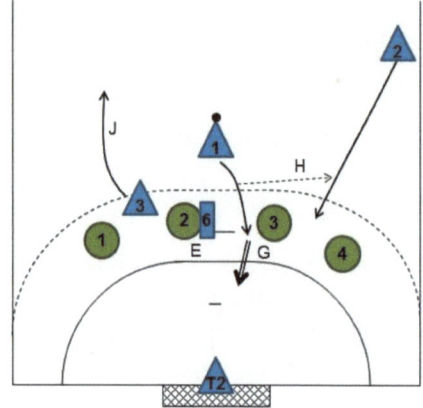

⚠ Die Spieler sollen nach dem Abschluss bzw. nach dem Pfiff von **T** (wenn der Angriff zu lange dauert) sofort in die nächste Angriffs-/Abwehraktion starten.

Nr.: 5-8	Abschlussspiel	10	90

Aufbau:
- Zwei Mannschaften bilden, die im 6gegen6 gegeneinander spielen.

Ablauf:
- Es wird nach jedem Angriff eine „Schnelle Mitte" gespielt.
- Die beiden Außenspieler sollen jeweils so schnell wie möglich ihre Außenposition einnehmen, um eventuell dort angespielt zu werden.
- Die angreifende Mannschaft hat jeweils max. sechs Pässe ab der Mittellinie zur Verfügung, um den Angriff abzuschließen. Gelingt dies nicht, pfeift **T** den Angriff ab und die abwehrende Mannschaft geht sofort in den Angriff, in die „Schnelle Mitte" über usw.

Gemeinsam auslaufen und dehnen.

5. Über den Autor

JÖRG MADINGER, geboren 1970 in Heidelberg

Juli 2014 (Weiterbildung): 3-tägiger DHB Trainerworkshop "Grundbausteine Torwartschule"
Referenden: Michael Neuhaus, Renate Schubert, Marco Stange, Norbert Potthoff, Olaf Gritz, Andreas Thiel, Henning Fritz

Mai 2014 (Weiterbildung): 3-tägige DHTV/DHB Trainerfortbildung im Rahmen des VELUX EHF FinalFour
Referenden: Jochen Beppler (DHB Trainer), Christian vom Dorff (DHB Schiri), Mark Dragunski (Trainer TuSeM Essen), Klaus-Dieter Petersen (DHB Trainer), Manolo Cadenas (Nationaltrainer Spanien)

Mai 2013 (Weiterbildung): 3-tägige DHTV/DHB Trainerfortbildung im Rahmen des VELUX EHF FinalFour
Referenden: Prof. Dr. Carmen Borggrefe (Uni Stuttgart), Klaus-Dieter Petersen (DHB Trainer), Dr. Georg Froese (Sportpsychologe), Jochen Beppler (DHB Stützpunkttrainer), Carsten Alisch (Nachwuchstrainer Hockey)

seit Juli 2012: Inhaber der DHB A-Lizenz

seit Februar 2011: Vereinsschulungen, Coaching im Trainings- und Wettkampfbetrieb

November 2011: Gründung Handball Fachverlag (handall-uebungen.de, Handball Praxis und Handball Praxis Spezial)

Mai 2009: Gründung der Handball-Plattform handball-uebungen.de

2008-2010: Jugendkoordinator und Jugendtrainer bei der SG Leutershausen

seit 2006: B-Lizenz Trainer

Anmerkung des Autors
1995 überredete mich ein Freund, mit ihm zusammen das Handballtraining einer männlichen D- Jugend zu übernehmen.

Dies war der Beginn meiner Trainertätigkeit. Daraufhin fand ich Gefallen an den Aufgaben eines Trainers und stellte stets hohe Anforderungen an die Art meiner Übungen. Bald reichte mir das Standardrepertoire nicht mehr aus und ich begann, Übungen zu modifizieren und mir eigene Übungen zu überlegen.

Heute trainiere ich mehrere Jugend- und Aktivmannschaften in einem breit gefächerten Leistungsspektrum und richte meine Trainingseinheiten gezielt auf die jeweilige Mannschaft aus.

Seit einigen Jahren vertreibe ich die Übungen über meinen Onlineshop handball-uebungen.de. Da die Tendenz im Handballtraining, vor allem im Jugondbereich, immer mehr in Richtung einer allgemeinen sportlichen Ausbildung mit koordinativen Schwerpunkten geht, eignen sich viele Spiele und Spielformen auch für andere Sportarten.

Lassen Sie sich inspirieren von den verschiedenen Spielideen und bringen Sie auch Ihre eigene Kreativität und Erfahrung ein!

Ihr

Jörg Madinger

6. Weitere Fachbücher des Verlags DV Concept

Von A wie Aufwärmen bis Z wie Zielspiel – 75 Übungsformen für jedes Handballtraining

Ein abwechslungsreiches Training erhöht die Motivation und bietet immer wieder neue Anreize, bekannte Bewegungsabläufe zu verbessern und zu präzisieren. In diesem Buch finden Sie Übungen zu allen Bereichen des Handballtrainings vom Aufwärmen über Torhüter einwerfen bis hin zu gängigen Inhalten des Hauptteils und Spielen zum Abschluss, die Sie in ihrem täglichen Training mit Ihrer Handballmannschaft inspirieren sollen. Alle Übungen sind bebildert und in der Ausführung leicht verständlich beschrieben. Spezielle Hinweise erläutern, worauf Sie achten müssen.

Insgesamt gliedert sich das Buch in die folgenden Themenschwerpunkte:

Erwärmung:
- Grunderwärmung
- Kleine Spiele zur Erwärmung
- Sprintwettkämpfe
- Koordination
- Ballgewöhnung
- Torhüter einwerfen

Grundübungen, Grund- und Zielspiele:
- Angriff / Wurfserien
- Angriff allgemein
- Schnelle Mitte
- 1. und 2. Welle
- Abwehraktionen
- Abschlussspiele
- Ausdauer

Am Ende finden Sie dann noch eine komplette methodisch ausgearbeitete Trainingseinheit. Ziel der Trainingseinheit ist das Verbessern des Wurfs und der Wurfentscheidung unter Druck.

Mini- und Kinderhandball (5 Trainingseinheiten)

Mini- bzw. Kinderhandball unterscheidet sich grundlegend vom Training höherer Altersklassen und erst recht vom Handball in Leistungsbereichen. Bei diesem ersten Kontakt mit der Sportart „Handball" sollen die Kinder an den Umgang mit dem Ball herangeführt werden. Es soll der Spaß an der Bewegung, am Sport treiben, am Spiel miteinander und auch am Wettkampf gegeneinander vermittelt werden.

Das vorliegende Buch führt zunächst kurz in das Thema und die Besonderheiten des Mini- und Kinderhandballs ein und zeigt dabei an einigen Beispielübungen Möglichkeiten auf, das Training interessant und abwechslungsreich zu gestalten.

Im Anschluss folgen fünf komplette Trainingseinheiten in verschiedenen Schwierigkeitsgraden mit Hauptaugenmerk auf den Grundtechniken im Handball (Prellen, Passen, Fangen, Werfen, und Abwehren im Spiel gegeneinander). Hier wird spielerisch in die späteren handballspezifischen Grundlagen eingeführt, wobei auch die generelle Bewegungserfahrung und die Ausprägung von koordinativen Fähigkeiten besondere Beachtung findet.

Die Übungen sind leicht verständlich durch Text und Übungsbild erklärt und können in jedes Training direkt integriert werden. Durch verschiedene Variationen können die Trainingseinheiten im Schwierigkeitsgrad an die jeweilige Trainingsgruppe angepasst werden. Sie sollen auch Ideen bieten, die Übungen zu modifizieren und weiterzuentwickeln, um das Training immer wieder neu und abwechslungsreich zu gestalten.

Passen und Fangen in der Bewegung - 60 Übungsformen für jedes Handballtraining

Passen und Fangen sind zwei Grundtechniken im Handball, die im Training permanent trainiert und verbessert werden müssen. Die vorliegenden 60 praktischen Übungen bieten viele Varianten, um das Passen und Fangen anspruchsvoll und abwechslungsreich zu trainieren. Ein besonderer Fokus liegt dabei darauf, die Sicherheit beim Passen und Fangen auch in der Bewegung mit hoher Dynamik zu verbessern. Deshalb werden die Übungen mit immer neuen Laufwegen und spielnahen Bewegungen gekoppelt.

Die Übungen sind leicht verständlich in Text und Übungsbild erklärt und können in jedes Training direkt integriert werden. Durch verschiedene Schwierigkeitsgrade und Komplexitätsstufen kann für jede Altersstufe das Passen und Fangen passend gestaltet werden.

Effektives Einwerfen der Torhüter - 60 Übungsformen für jedes Handballtraining

Das Einwerfen der Torhüter ist in nahezu jedem Training notwendiger Bestandteil. Die vorliegenden 60 Übungen zum Einwerfen bieten hier verschiedene Ideen, um das Einwerfen sowohl für Torhüter als auch für die Feldspieler anspruchsvoll und abwechslungsreich zu gestalten. Ein besonderer Fokus liegt dabei darauf, schon beim Einwerfen die Dynamik der Spieler zu verbessern.

Die Übungen sind leicht verständlich durch Text und Übungsbild erklärt und können in jedes Training direkt integriert werden. Ob gekoppelt mit koordinativen Zusatzübungen oder vorbereitend für Inhalte des Hauptteils, kann für jedes Training und durch verschiedene Schwierigkeitsstufen für jede Altersstufe das Einwerfen passend gestaltet werden.

Weitere Handball Fachbücher und eBooks finden Sie unter
www.handball-uebungen.de

Wettkampfspiele für das tägliche Handballtraining - 60 Übungsformen für jede Altersstufe

Handball lebt von schnellen und richtig getroffenen Entscheidungen in jeder Spielsituation. Dies kann im Training spielerisch und abwechslungsreich durch handballnahe Spiele trainiert werden. Die vorliegenden 60 Übungsformen sind in sieben Kategorien unterteilt und schulen die Spielfähigkeit.

Folgende Kategorie beinhaltet das Buch:
- Parteiball-Varianten
- Mannschaftsspiele auf verschiedene Ziele
- Fangspiele
- Sprint- und Staffelspiele
- Wurf- und Balltransportspiele
- Sportartübergreifende Spiele
- Komplexe Spielformen für das Abschlussspiel

Die Spiele sind leicht verständlich durch Text und Übungsbild erklärt und können in jedes Training direkt integriert werden. Durch verschiedene Schwierigkeitsstufen, zusätzliche Hinweise und Variationsmöglichkeiten, können sie für jede Altersstufe angepasst gestaltet werden.

Taschenbücher aus der Reihe Handball Praxis

Handball Praxis 1 - Handballspezifische Ausdauer (5 Trainingseinheiten)

Handball Praxis 2 - Grundbewegungen in der Abwehr (5 Trainingseinheiten)

Handball Praxis 3 - Erarbeiten von Auslösehandlungen und Weiterspielmöglichkeiten
(5 Trainingseinheiten)

Handball Praxis 4 - Intensives Abwehrtraining im Handball (5 Trainingseinheiten)

Handball Praxis 5 - Abwehrsysteme erfolgreich überwinden (5 Trainingseinheiten)

Handball Praxis 6 - Grundlagentraining für E- und D- Jugendliche (5 Trainingseinheiten)

Handball Praxis 7 - Handballspezifisches Ausdauertraining im Stadion und in der Halle (5 Trainingseinheiten)

Handball Praxis 8 - Spielfähigkeit durch Training der Handlungsschnelligkeit
(5 Trainingseinheiten)

Handball Praxis 9 – Grundlagentraining im Angriff für die Altersstufe 9-12 Jahre
(5 Trainingseinheiten)

Handball Praxis Spezial 1 - Schritt für Schritt zur 3-2-1 Abwehr (6 Trainingseinheiten)

Handball Praxis Spezial 2 - Schritt für Schritt zum erfolgreichen Angriffskonzept gegen eine 6-0 Abwehr (6 Trainingseinheiten)